Hartmut Lüdtke

KAPITAL FREIZEIT

KOMPETENZ, ÄSTHETIK UND PRESTIGE IN DER FREIZEIT

DGFF

Gesellschaft zur Förderung der Freizeitwissenschaften mbH
Bahnstraße 4, 4006 Erkrath

CIP-Titelaufnahme der Deutschen Bibliothek

Lüdtke, Hartmut:

Kapital Freizeit: Kompetenz, Ästhetik und Prestige in der Freizeit. Ges. zur Förderung der Freizeitwiss. mbH. - Erkrath: DGFF, 1989

(DGFF-Dokumente)
ISBN 3-926780-02-9

Der Wissenschafts- und Verwaltungsrat der DGFF

Prof. Dr. Leo Baumanns
Vorsitzender
Institut für Angewandte Sozialpsychologie, Meerbusch

Prof. Dr. Joachim H. Knoll
stellvertr. Vorsitzender
Institut für Erwachsenenpädagogik Ruhr-Universität Bochum

Prof. Dr. Clemens-August Andreae
Lehrstuhl für politische Ökonomie,
Leopold-Franzens-Universität, Innsbruck

Dr. Joseph Th. Blank MdB
Präsident der Deutschen Gesellschaft für Freizeit, Erkrath

Prof. Dr. Hans-Ulrich Gallwas
Institut für Politik und öffentliches Recht,
Ludwig-Maximilians-Universität, München

Prof. Dr. Heinz Rico Scherrieb
Institut für Fremdenverkehrs- und Freizeitforschung, Würzburg

Peter Wimmer
Unternehmensberatung für Organisation und Marketing GmbH,
Betriebswirtschaft und Führungspersonal, Minden

Herstellung: Berges-Druck, Hamm

Printed in Germany, Juli 1989

ISBN 3-926780-02-9

Zu diesem Band

Freizeit als Ausdruck von Lebensqualität war in der Vergangenheit primär ein ökonomischer Faktor: sie war die Zeit, in der man es sich leisten konnte, auf Erwerbsarbeit zu verzichten. Die Funktionen dieser ehemals knappen Zeitspanne waren vornehmlich Regeneration und Reproduktion. Mit dem Wachstum materiellen Reichtums und freier Zeit erweiterte sich auch der Funktionsrahmen der Freizeit. Sie wurde einer der zentralen Räume für die weitgehend eigenbestimmte Bedürfnisbefriedigung und die Inszenierung eines individuellen Lebensstils, der sich zunehmend aus den Bezügen zur Erwerbsarbeit löste.

Wenn Freizeit heute neben der Erwerbsarbeit der Lebensraum ist, in dem der einzelne die Chance hat, sein Grundrecht auf freie Entfaltung der Persönlichkeit zu verwirklichen, ist nicht mehr nur die Frage nach der quantitativen Ausstattung mit freier Zeit, sondern auch die Frage nach der optimalen Nutzung dieses Lebensraumes zu stellen.

Welcher Voraussetzungen bedarf es bzw. welche Rahmenbedingungen sind förderlich, die Freizeit-Lebensqualität der individuellen Bedürfnislage entsprechend zu verbessern? Spätestens seit Bourdieu gehört es zum sozialwissenschaftlichen Allgemeingut, daß es neben dem ökonomischen Kapital gleichrangig, wenn nicht sogar wichtiger, das kulturelle Kapital gibt. Während es beim ökonomischen Kapital das Geld ist, das angesammelt, verzinst oder konsumiert wird, ist es beim kulturellen Kapital nach Bourdieu die Schulbildung, die immaterielle Kapitalressourcen schafft.

Das Denkmodell des kulturellen Kapitals wendet Lüdtke in der vorliegenden Expertise auf den Lebensraum Freizeit an und erweitert das Theoriekonzept. Schlüssig analysiert er die Bedeutung des kulturellen Freizeit-Kapitals, das nach seinem Konzept Bildung, Sozialstatus und die Beherrschung der gesellschaftlichen Symbolwelt umfaßt, für die unterschiedliche Verwirklichung von Lebensqualität in der Freizeit. Ihm gelingt es damit, Faktoren präzise zu verorten und zu definieren, die unabdingbare Bausteine von Freizeitqualität sind.

Die **DGFF - Gesellschaft zur Förderung der Freizeitwissenschaften mbH, Erkrath,** veröffentlicht diese Expertise, um die Diskussion der Freizeitstile bestimmenden Faktoren in der Freizeitwissenschaft anzuregen und darüber hinaus die Erkenntnisse über das Kapital Freizeit für das individuelle Freizeitleben nutzbar zu machen.

Manfred Stoffers
Geschäftsführer der
DGFF Gesellschaft
zur Förderung der
Freizeitwissenschaften mbH

Inhalt

1. Einleitung

Die zentrale Fragestellung sozialwissenschaftlicher Freizeitforschung läßt sich heute so formulieren: Auf welche Weise schöpft der Mensch in sozial diffusen, d.h. auf ganzheitliche Aspekte seiner Person bezogenen, Situationen expressive, d.h. persönlichen Ausdruck und Befriedigung ermöglichende, Erfahrungen? Was bedeutet dies für seine Lebensqualität als Ergebnis der Verfolgung individueller und familialer Präferenzen, und wie läßt sich dieser Prozeß optimieren? Geht man von gegebenen Präferenzen, zumindest von allgemeinen Wünschen, Zielvorstellungen und Erwartungen des einzelnen an die Freizeit aus, dann läßt sich die Frage auch so formulieren:

- Welche Mittel stehen der Person zur Verfolgung ihrer Freizeitpräferenzen zur Verfügung, und – da verschiedene Mittelarten in unterschiedlicher Art ihrer Verknüpfung denkbar sind:
- welche Mittelausstattung (Ressourcenarten und Ressourcenstruktur) erlaubt welche Freizeitmuster nach Zahl und Art der Tätigkeiten, Geselligkeitskategorien bzw. Partner, Intensität und Erlebnisqualität?
- Wo liegen typische Beziehungen zwischen Ressourcenstruktur und Freizeitverhalten bzw. entsprechende Vorteile, Privilegien oder Versagungen vor?

Eine der zentralen Ressourcenarten für die individuelle und kollektive Gestaltung von Freizeit ist die des seit Bourdieu (1983) so genannten „kulturellen Kapitals". Sein Hauptindikator, die individuelle Schulbildung und Ausbildung nach Grad und Titel, dürfte ohnehin eine eindeutigere „Determinante" des Freizeitverhaltens sein als etwa Indikatoren des „ökonomischen Kapitals" wie Art des Berufs und Einkommen (Giegler 1982: 355 ff., Lüdtke 1975: 83, Scheuch 1977: 88, Uttitz 1986: 166 f.), wobei man allerdings zu berücksichtigen hat, daß die verhaltensdifferentiellen Einflüsse der Bildung nach Richtung, Stärke und Mehrdeutigkeit sehr verschieden sein können (Nauck 1986: 190, Uttitz 1986: 166 f.). Jedenfalls ist die Aufmerksamkeit, die man dem Faktor Bildung schenken sollte, durch ihre zunehmende Bedeutung für die soziale Lage der Menschen in modernen Gesellschaften wohl begründet (Krais 1983: 217). Das kulturelle Kapital, das Bildung, Sozialstatus und Beherrschung der gesellschaftlichen Symbolwelt weitgehend einschließt, kann somit als zentrales Vehikel für individuelle Lebensqualität, soziale Mobilität und allgemein: für die Aneignung von Umwelt wie auch die Reproduktion sozialer Ungleichheit gelten. Dies trifft verstärkt für den Bereich von Konsum und Freizeit zu, weil hier die individuellen Gestaltungsmöglichkeiten nach persönlichen Präferenzen wohl am größten sind.

Das erweiterte moderne Kapital-Konzept von Bourdieu und seine Verallgemeinerung im Begriff der individuellen Ressourcenstruktur liefern einen relativ umfassenden Zugang zur Bearbeitung unserer Fragestellung.
Obgleich der Schwerpunkt hier auf dem kulturellen Kapital liegen wird, kann dessen Bedeutung im Sinne des Themas nur im Zusammenhang, d.h. relativ zur Mittelausstattung einschließlich des ökonomischen und des sozialen Kapitals, der dritten von Bourdieu unterschiedenen Ressourcenart, herausgearbeitet werden. Dieser Zusammenhang soll hier, so weit es nötig scheint, gewahrt bleiben, zumal zu vermuten ist, daß die verschiedenen Kapitalarten empirisch gar nicht streng getrennt werden können, auch wenn dies analytisch-theoretisch sinnvoll scheint.

In einer entscheidenden Hinsicht bedarf auch der thematische Kontext der Freizeit einer Erweiterung. Das individuelle Freizeit- und Konsumverhalten bildet ein komplexes Muster von verschiedenen Lebensäußerungen. Es basiert auf einem ebenso komplexen System von Präferenzen und Motiven. Es ist dahereingebettet in einen größeren Zusammenhang von Mitteln und Artikulationsformen der Lebensweise, der sich, gemäß den Vorschlägen verschiedener Forscher (Lüdtke 1989, Tokarski & Schmitz-Scherzer 1985: 215 ff.), sinnvoll erst auf der Ebene des Lebensstils erfassen läßt. Da sich der Lebensstil jedoch hauptsächlich aus den konsumtiven und expressiven Äußerungen von Individuen und privaten Haushalten einschließlich ihrer symbolischen Formen, d.h. ihrer kulturellen Artikulation ergibt, deckt sich das Freizeitverhalten mit dem größten Ausschnitt des Lebensstils. Daher verlieren die Befunde dieser Expertise nicht besonders an Schärfe, wenn in ihr die Aspekte von Freizeit und Lebensstil, soweit wie nötig, gemeinsam verfolgt werden.

2. Bourdieus Konzept der Kapitalarten als Lebensstildeterminanten

2.1 Der Gesamtansatz: soziale Klassen, Habitus und Lebensstile

Der französische Soziologe Bourdieu (vor allem: 1983, 1984; vgl. auch Müller 1986 a, b) beabsichtigt in seinem breiten Werk eine allgemeine Theorie der sozialen Ungleichheit in kapitalistischen Gesellschaften unter Einschluß des Klassenbegriffs. Bourdieus Absicht ist zu zeigen, daß und warum sich soziale Klassen in modernen Industriegesellschaften nicht nur hinsichtlich der „objektiven" sozioökonomischen Lage ihrer Mitglieder, sondern auch hinsichtlich ihrer Wahrnehmungen und ihres Bildes bei anderen sowie ihrer Verhaltensmuster, insbesondere im Bereich von Konsum und Freizeit, unterscheiden und daß zwischen diesen Dimensionen systematische Beziehungen bestehen. Er schreibt (Bourdieu 1984: 754 f.): „Eine Klasse definiert sich durch ihr **Wahrgenommen-Sein** ebenso wie durch ihr **Sein,** durch ihren Konsum – der nicht **ostentativ** sein muß, um symbolischen Charakter zu tragen – ebenso wie durch ihre Stellung innerhalb der Produktionsverhältnisse... Die Kämpfe zwischen den individuellen wie kollektiven Klassifikations- und Ordnungssystemen, die auf eine Veränderung der Wahrnehmungs- und Bewertungskategorien der sozialen Welt und darin auf eine Veränderung der sozialen Welt selbst abzielen, bilden eine vergessene Dimension der Klassenkämpfe. Doch braucht man sich im weiteren nur zu vergegenwärtigen, daß die Klassifikationsschemata, die dem praktischen Verhältnis der Akteure zu ihrer materiellen Lage und ihrer möglichen Vorstellung von dieser zugrundeliegen, selbst Resultate dieser Lage sind, um sogleich der Grenzen dieser Autonomie inne zu werden: Die Stellung innerhalb des Klassifikationskampfes hängt ab von der Stellung innerhalb der Klassenkämpfe."

Bourdieu erweitert die ökonomisch-marxistisch orientierte Klassentheorie der sozialen Ungleichheit, der er grundsätzlich verhaftet bleibt, um eine wichtige sozialpsychologische und kulturelle Dimension: Die Menschen bewerten und klassifizieren einander aufgrund von Verhaltensäußerungen in Freizeit, Konsum und Selbstdarstellung durch die private Ausstattung mit Gütern. Dabei sind von besonderer Bedeutung die als Symbole für kulturelle Werte und Ziele fungierenden Güter in Mobiliar, Kleidung, Speisegewohnheiten, Hobbies und Reisen, Kunstbesitz und -geschmack, Musikpräferenzen usw. Die symbolisch-kulturellen Güter der Gesellschaft sind wie die materiellen ungleich verteilt. Menschen streben nach Distinktion ihrer Gruppe im Verhältnis zu anderen. Mit dem Besitz solcher Güter verfügt man über entsprechende Distinktionsmittel; die „legitimen", d.h. institutionell positiv sanktionierten, sind darunter die besonders wertvollen. Erfolgreiche Distinktion ist sowohl Indiz des „Gewinns" im

Klassenkampf wie symbolisches Mittel der Sicherung der gesellschaftlichen Position einer Klasse.

„Die Auseinandersetzungen um die Aneignung der ökonomischen und kulturellen Güter stellen zugleich symbolische Auseinandersetzungen um jene **Distinktionsmerkmale** dar, die den wertvollen und wertverleihenden Gütern und Praktiken innewohnen, wie auch um die Bewahrung oder Vernichtung der Prinzipien, nach denen diese Merkmale distinguieren. Demzufolge stellt der Raum der Lebensstile, d.h. das Universum der Eigenschaften, anhand deren sich... die Inhaber der verschiedenen Positionen im sozialen Raum unterscheiden, nichts anderes dar als eine zu einem bestimmten Zeitpunkt erstellte Bilanz der symbolischen Auseinandersetzungen, die um die Durchsetzung des legitimen Lebensstils geführt werden und ihre exemplarische Verwirklichung in den Kämpfen um das Monopol über die Embleme von 'Klasse' – Luxusgüter, legitime Kulturgüter und deren legitime Aneignungsweise – finden... 'Distinktion oder besser 'Klasse' – legitimer, d.h. verklärter und als solcher unkenntlich gemachter Ausdruck von 'sozialer Klasse' – gibt es nur aufgrund der Auseinandersetzungen um exklusive Aneignung der Merkmale, die 'natürliche Distinktion' ausmachen" (Bourdieu 1984: 388 f.).

Lebensstile sind Ergebnisse von sozialen Lagen und den Handlungen ihrer „Produzenten" die im Symbolgebrauch ihre Klassenzugehörigkeit zum Ausdruck bringen und teilweise verschleiern. Sie sind durch äußere Attribute gekennzeichnet, eben durch die Symbolwelt der individuellen Ausstattung mit Gegenständen und die Formen ihres Gebrauchs. Je stärker die Stilisierung eines Lebens vorangeschritten ist, desto bedeutsamer ist die Form der Dinge gegenüber ihrem Inhalt geworden. Ein verfeinerter Lebensstil entspricht daher der bürgerlichen Bedeutung eines Kunstwerks.

Da die individuellen Möglichkeiten und Fähigkeiten der Stilisierung des Lebens ungleich verteilt sind, existiert eine sozioökonomische Rangordnung der Lebensstile. Ausgeprägte Lebensstile sind erst jenseits des „Reiches der Notwendigkeit", d.h. in den mittleren und oberen Sozialschichten bzw.
Klassen möglich. Die oberen Schichten sind „allein in der Lage, ihre Lebensform zu einer Kunstform zu erheben. Der Eintritt des Kleinbürgers in dieses Spiel der Distinktion und Unterscheidung ist demgegenüber nicht zuletzt durch die Furcht gekennzeichnet, anhand von Kleidung oder Mobiliar (..) dem Geschmack der anderen sichere Hinweise auf den eigenen Geschmack zu liefern und sich so deren Klassifizierung auszusetzen. Die Unterschichten wiederum spielen in diesem System ästhetischer Positionen wohl kaum eine andere Rolle als die einer Art Kontrastfolie, eines negativen Bezugspunkts, von dem sich alle Ästhetiken in fortschreitender Negation absetzen" (Bourdieu 1984: 107).
Bourdieus Schlüsselbegriff ist der des **„Habitus":** Darunter ist das Handlungspotential einer Person zu verstehen, ein Komplex von erworbenen Zielen, Ein-

stellungen gegenüber anderen Personen und Objekten, Erwartungen, Fähigkeiten, Ideologie, Gewohnheiten usw. Dieses Potential im Sinne einer komplexen Mentalität konkretisiert sich ausschnittweise in spezifischen Handlungssituationen, indem es dem jeweiligen Verhalten eine typische Energie, Richtung und Form gibt. Bourdieu unterscheidet zwei Hauptdimensionen des Habitus: sogenannte Erzeugungsschemata von Praktiken und Werken, d.h. Verhaltensweisen und ihre Ergebnisse, sowie sogenannte Wahrnehmungs- und Bewertungsschemata, d.h. eigener Geschmack und Klassifikation anderer. Abbildung 1 informiert über Bourdieus (1984: 280) Logik der theoretischen Konstruktion von Lebensstilen.

Abbildung 1: Logik der Ableitung von Lebensstilen nach Bourdieu

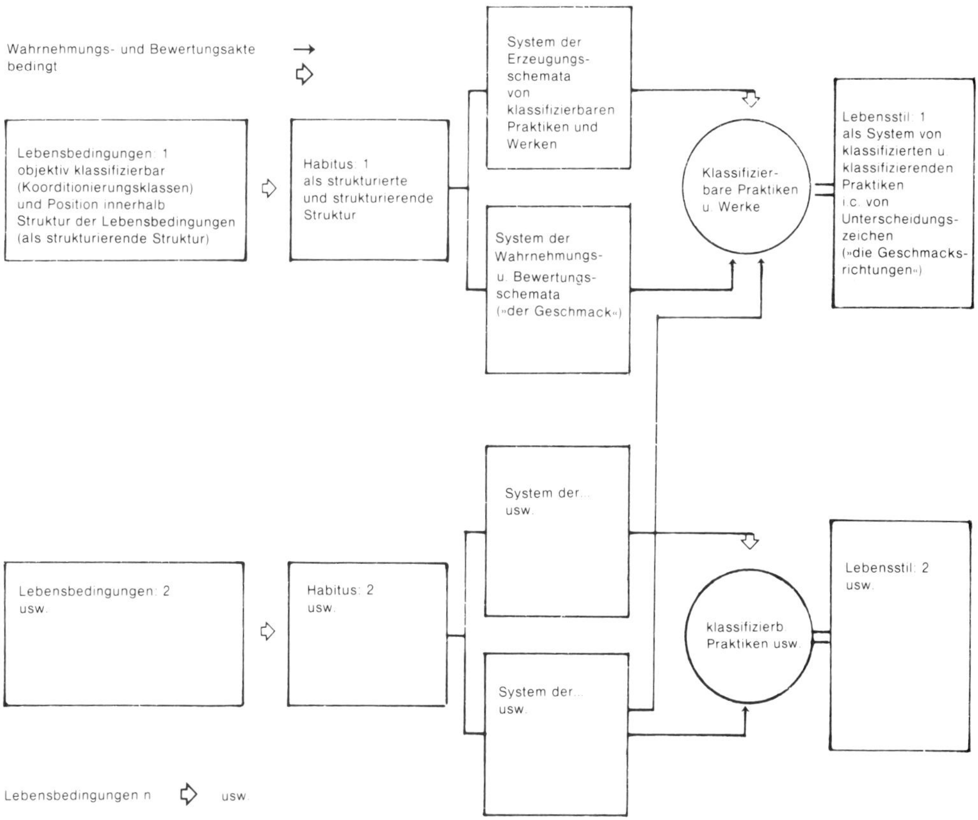

Ausgangspunkt sind die objektiven Lebensbedingungen eines Individuums: die Menge seines Kapitals, die gegebene Struktur der verfügbaren Kapitalsorten sowie die Entwicklung dieser Faktoren in der Zeit, d.h. die soziale Laufbahn der Person. Sie bilden zusammen den Bedingungszusammenhang der Entstehung und Ausformung eines Habitus. Seine „Erzeugungsschemata", die man sich als Fähigkeiten zu konkreten Handlungen, verbunden mit bestimmten Mitteln, vorstellen muß, bedingen die möglichen Mengen der „Praktiken und Werke" (Doppelpfeil), deren Auswahl durch die „Wahrnehmungs- und Bewertungsschemata" gesteuert wird (einfacher Pfeil). Der Lebensstil ist dann durch die typische Charakteristik der durch Auswahl, Verknüpfung, Wiederholung und Verfestigung der angeeigneten distinktiven Verhaltensweisen und Gegenstände definiert.

Insoweit sich die Lebensbedingungen zu kollektiven sozialökonomischen Klassenlagen zusammenfassen lassen, wie dies bei Bourdieu der Fall ist, determinieren sie auch relativ klassenspezifische Habitustypen. Aus einem bestimmten Habitus folgt aber nicht notwendig nur ein bestimmter Lebensstil. Dies ist in Abbildung 1 durch einen Pfeil angedeutet, der vom Habitus 2 auf den Lebensstil 1 weist: die „Wahrnehmungs- und Bewertungsschemata", die auf der Grundlage der Lebensbedingungen 2 entstanden sind, können sich auch in „klassifizierbaren Praktiken und Werken" niederschlagen, die im Lebensstil 1 resultieren. Damit sind in Bourdieus Modell Freiheitsgrade bei der Entstehung von Lebensstilen, sozusagen durch Beteiligung klassenindifferenter persönlicher Präferenzen, eingebaut, die allerdings bei der empirischen Anwendung und theoretischen Verallgemeinerung durch den Autor vernachlässigt werden.

2.2 Die Kapitalarten

Ein Hauptkennzeichen des Ansatzes von Bourdieu ist, neben dem Festhalten am Begriff des Kapitals als Bedingung der Klassenzugehörigkeit einer Person, die Differenzierung dieses Begriffs, die sich aus der Komplexität der modernen Industrie- und Konsumgesellschaft zwingend ergebe. Bourdieu unterscheidet drei Arten des Kapitals: ökonomisches, soziales und kulturelles Kapital. Diese sind zwar nicht streng unabhängig voneinander verteilt, sie können aber in ihren Funktionen relativ unabhängig und für ihre Besitzer teilweise wechselseitig substituierbar bzw. konvertierbar sein.

Tabelle 1 (nach Müller 1986: 47a) gibt einen Überblick über die Kapitalsorten, die danach im einzelnen erläutert und auf die Lebensstildifferenzierung angewendet werden.

Tabelle 1: Logik der Kapitalsorten

Kriterien / Kapitalsorten	Substrat	Objektivierung	Institutionalisierung	Inkorporierung	Konvertierbarkeit	Schwundrisiko	Verlustkategorie
ökonomisches Kapital	Geld	Kapital	Eigentumsrechte	--	hoch	soziale Umwälzungen (Kriege, Revolutionen, Wirtschaftskrisen)	(1) Inflation (2) Enteigung
soziales Kapital	Beziehungen	Netzwerke	(1) Adels- u. Amtstitel als individuelle Prädikate (2) Stand, Berufsstand	--	gering u. riskant aber: notwendig	(1) Undankbarkeit (2) asymmetrische Reziprozität (3) Unzumutbarkeit	(1) Beziehungsfalle (2) Statusfalle (3) Freundschaftsfalle
kulturelles Kapital	Wissen	Kulturgüter und Wissen	Bildungs titel als individuelle Prädikate	Bildung Geschmack Distinktion	mittel, abh. von (1) Situation von Bildung und Beschäftigung (2) übrigem Kapitalvolumen	(1)Bildungsinflation (2) Verallten des Wissens	Antiquiertheit des Habitus

2.2.1 Ökonomisches Kapital

Diese geläufigste aller Kapitalarten umfaßt alle Formen und Grade wirtschaftlicher Verfügbarkeit, die in Geld konvertierbar sind, wie Einkommen, Vermögen, entsprechende Ansprüche, Besitztitel u. dgl. Die Ausstattung mit ökonomischem Kapital determiniert, wegen dieser hohen Konvertierbarkeit, Position und Flexibilität des einzelnen auf den Märkten der Güter und Dienstleistungen. Die institutionellen Garantien sind bei diesem Kapital durch Eigentumsrechte gesichert.

Eine „Inkorporierung" des ökonomischen Kapitals, d.h. seine Wirksamkeit in Form von durch die Person erworbenen, verinnerlichten kognitiven und motivationalen Fähigkeiten und Dispositionen, ist bei Bourdieu nicht vorgesehen. Betrachtet man diese Kapitalart als zentrales Mittel der Bedürfnisbefriedigung, der Verfolgung von Handlungs- und Konsumpräferenzen, generell der Umweltkontrolle durch das Individuum, so hat die Annahme inkorporierter Formen gleichwohl einige Plausibilität: z.B. als Risikobereitschaft und Verhaltensflexibilität aufgrund der Erfahrung wirtschaftlicher Unabhängigkeit, Bestechlichkeit bzw. Unbestechlichkeit, relative Deprivation versus Befriedigung als (z.B. politischer) Handlungsimpuls, kognitive Überlegenheit im Sinne von ökonomischer Statussicherheit bzw. ihr Gegenteil.

Die hervorragende Stellung des ökonomischen Kapitals ergibt sich insgesamt aus seiner Eigenschaft als Medium des Erwerbs der anderen Kapitalarten, „aber nur um den Preis eines mehr oder weniger großen Aufwandes an **Transformationsarbeit,** die notwendig ist, um die in dem jeweiligen Bereich wirksame Form der Macht zu produzieren. So gibt es z.B. bestimmte Güter und Dienstleistungen, die mit Hilfe von ökonomischem Kapital ohne Verzögerung und sekundäre Kosten erworben werden können" (Bourdieu 1983: 195).

Bourdieus Begriff des ökonomischen Kapitals relativ zu den anderen Kapitalarten ist insgesamt, wie es scheint, sehr eng, vielleicht allzu eng, an die Situation in prosperierenden, hoch kommerzialisierten Industriegesellschaften mit entwickelter Geldwirtschaft geknüpft, denn nicht-monetäre Wirtschaftsgüter dürften in der Regel nicht derart beliebig und rasch konvertierbar oder tauschbar sein, obwohl der Umfang der jeweils notwendigen „Transformationsarbeit" für Bourdieu offenbar ein Problem darstellt.

2.2.2 Soziales Kapital

Unter dieser Kapitalart versteht Bourdieu „die Gesamtheit der aktuellen und potentiellen Ressourcen, die mit dem Besitz eines dauerhaften Netzes von mehr oder weniger institutionalisierten **Beziehungen** gegenseitigen Kennens oder Anerkennens verbunden sind; oder, anders ausgedrückt, es handelt sich dabei um Ressourcen, die auf der **Zugehörigkeit zu einer Gruppe** beruhen" (Bourdieu 1983: 190 f.). Dazu gehören Freundschaften, Bekanntschaften, Kontakte, Verbindungen, Mitgliedschaften und damit verbundene Positionen in sozialen Netzwerken, die im weiteren Sinne über die „Kreditwürdigkeit" eines Menschen entscheiden.
„Vitamin B" kann aber erst dann zuverlässig und dauerhaft zu einer Kapitalressource werden, wenn es in geeigneter Weise, teilweise durch „Institutionalisierungsriten" institutionalisiert wurde, z.B. in der Form von Namen, Adels-, Amts-, Ehren-, Erbschaftstiteln und über die Mitgliedschaft zu einem eindeutig definierten Kollektiv: Statusgruppe wie Stand oder Berufsstand, Familie, Nachbar-

schaft, Loge, Clan, Club, exklusiver Zirkel etc. Diese Institutionalisierung bedeutet wechselseitige Verpflichtung von Kennen und Anerkennen, gleichgültig, ob aufgrund subjektiver Gefühle wie Respekt und Freundschaft oder aufgrund von Rechtsansprüchen.

Bourdieu thematisiert mit dieser Kapitalart insbesondere den individuellen Nutzen sozialen Einflusses, er impliziert aber zugleich auch massive Effekte der Verfügbarkeit von Macht und Herrschaft. Der Verlust sozialen Kapitals ist durch das Geraten in verschiedene „Fallen" möglich, d. h. Regelwidrigkeiten, Täuschungen, Enttäuschungen, Mißverständnisse, Konflikte u. dgl., die zum Beziehungsverlust bzw. sozialen Ausschluß führen. Wiederum sieht Bourdieu keine Inkorporierung des sozialen Kapitals vor, obgleich beispielsweise eine Disposition wie der wahrgenommene soziale Rückhalt, der als subjektiver Reflex sozialen Kapitals verstanden werden kann, in der sozialwissenschaftlichen, vor allem psychologischen Forschung als wichtige Bedingung des Verhaltens, der Lebensführung und Lebenszufriedenheit gilt.

Bourdieu (1983: 191) schreibt dem sozialen Kapital eine interessante Zwischenfunktion unter den Kapitalarten zu: „Obwohl.. das Sozialkapital nicht unmittelbar auf das ökonomische und kulturelle Kapital eines bestimmten Individuums oder auch der Gesamtheit derer, die mit ihm verbunden sind, reduziert werden kann, ist es doch niemals völlig abhängig davon; denn die in den Tauschbeziehungen institutionalisierte gegenseitige Anerkennung setzt das Anerkennen des Minimums von 'objektiver' Homogenität unter den Beteiligten voraus; außerdem übt das Sozialkapital einen Multiplikatoreffekt auf das tatsächlich verfügbare Kapital aus."

2.2.3 Kulturelles Kapital

Diese Kapitalart scheint für Bourdieu auch persönlich die interessanteste Kategorie zu sein, was u.a. aus seiner Betonung der Wahrnehmungs-, Bewertungs- und Geschmacksstandards bei der Definition des Habitus und Lebensstils sowie der Bedeutung symbolischer und ästhetischer Formen in den Lebensstilen hervorgeht. Sie ist sozusagen seine „Entdeckung" bei der theoretischen Analyse der Mechanismen der Reproduktion moderner sozialer Ungleichheit: Wird das Wert- und Marktsystem der symbolischen Güter zu einer mitentscheidenden Komponente des „Klassenkampfes" in fortgeschrittenen Industriegesellschaften, so muß sich nach diesem Ansatz das Streben der sozialen Klassen zunehmend auf Verteilung und Verfügbarkeit der spezifischen Mittel zur Herrschaft über die Symbolkultur richten, und dies ist zentral das kulturelle Kapital.

Dieses ist nach Bourdieus Definition zweifellos die komplexeste Ressourcenart in der Form der Verfügbarkeit über Kulturgüter (Objekte der Kunst, der Literatur, Musik, Architektur, Wissenschaft, Haushaltsausstattung etc.) sowie als individuelle Kompetenz (Wissen, Fähigkeiten, Geschmack, Routine etc.), deren institutionelle Grundlagen Bildungstitel, Zeugnisse, Diplome u.ä. Ausweise sind. Die erste Form ist das **objektivierte** Kulturkapital, die zweite das **inkorporierte,** d.h. im Sozialisationsprozeß erworbene Kulturkapital, dessen **institutionalisierte Form** die Bildungstitel einer Person darstellen.

Das **inkorporierte Kulturkapital** ist „körpergebunden" und Ergebnis der Verinnerlichung von Werten, Normen und Symbolen (als Trägern von Sinn, Werten und Normen) im Sozialisationsprozeß. Diese Inkorporation schlägt sich konkret in den Wahrnehmungs-, Bewertungs- und Geschmacksstandards des Habitus nieder, der Grundlage des späteren Handelns der Person im Sinne eines Repertoires und Steuerungsspeichers. Dieser Prozeß schließt die intendierte Erziehung und bewußte Bildung genauso ein wie die beiläufige und unbewußte Aneignung der kulturellen Umwelt durch lernendes Verhalten und Interaktion im symbolischen, sprachlichen, gestischen, mimischen und affektiven Kontext von Familie, Nachbarschaft, Gruppe der Altersgleichen, Schule und anderen Sozialisationsagenten. Diese besondere Situationsbreite und der hohe Zeitaufwand der Inkorporierung und Akkumulation von Kulturkapital machen seine kurzfristige Weitergabe unmöglich. In diesem Zusammenhang ist auch der Hinweis Bourdieus (1983: 186) wichtig, daß die bloße Dauer des Schulbesuchs ein sehr ungenauer Indikator des kulturellen Kapitals sei. Nur in reich damit ausgestatteten Familien sei seine Aneignung seit frühester Kindheit sozusagen ohne Zeitverlust möglich. „Daraus folgt, daß die Übertragung von Kulturkapital zweifellos die am besten verschleierte Form erblicher Übertragung von Kapital ist. Deshalb gewinnt sie in dem System der Reproduktionsstrategien von Kapital umsomehr an Gewicht, je mehr die direkten und sichtbaren Formen der Übertragung sozial mißbilligt und kontrolliert werden. Es ist unmittelbar ersichtlich, daß die zum Erwerb erforderliche Zeit das Bindeglied zwischen ökonomischem und kulturellem Kapital darstellt " (Bourdieu 1983: 188).

Das **objektivierte Kulturkapital** liegt in allen Formen materieller Träger von kulturellen Sinnelementen vor, soweit mit ihrer Verfügung Positionsvorteile im modernen Klassenkampf verbunden sind. Sein bloßer Besitz vermag dies auf Dauer nicht zu garantieren, sondern kann zur Selbsttäuschung führen. Ein sozusagen strategisch nützlicher Einsatz von Kulturgütern im Privatbesitz setzt vielmehr bestimmte Fähigkeiten und Routinen für ihr angemessenes Verständnis, ihren richtigen Gebrauch, ihres Genusses voraus: d. h. inkorporiertes Kulturkapital. Man dürfe nicht vergessen, „daß das objektivierte Kulturkapital als materiell und symbolisch aktives und handelndes Kapital nur fortbesteht, sofern es von Handelnden angeeignet und in Auseinandersetzungen als Waffe und als Einsatz verwendet wird. Ort dieser Auseinandersetzung ist das Feld der kulturellen Produktion (Kunst, Wissenschaft usw.) und, darüber hinaus, das Feld der sozialen Klassen. Dort setzen die Handelnden ihre Kräfte ein und erhalten Profite, die dem Grad ihrer Fähigkeit zur Beherrschung objektivierten Kulturkapitals.. entsprechen" (Bourdieu 1983: 189).

Das **institutionalisierte Kulturkapital** in Form von Titeln des Kompetenznachweises aufgrund von Zertifikaten, Zeugnissen, Diplomen, Ehrenurkunden u. dgl. garantiert die Unabhängigkeit dieses Gutes von der Person seines Trägers. Sein struktureller Vorteil für das Individuum liegt auch darin begründet, daß es – einmal erworben, und sei es auch nur äußerst knapp im Unterschied zu gescheiterten Konkurrenten – sich vom Prozeß des Erwerbs verselbständigt und es der wiederholten Verpflichtung zum entsprechenden Leistungsnachweis enthebt (Bourdieu 1983: 190).

Die Konvertibilität zwischen kulturellem und ökonomischem Kapital ist nur dann gesichert, wenn die bestimmbaren Kosten des Erwerbs von Kulturkapital dem Titelträger auf dem Arbeitsmarkt einen entsprechenden Tauschwert garantieren. Diese Garantie einer hohen ökonomischen Verwertungschance langer Ausbildungsprozesse, deren Legitimität in der bildungsökonomischrorientierten Literatur lange Zeit durch den geleisteten „Konsumverzicht" der Ausgebildeten und ihrer Eltern begründet wurde, ist heutzutage bekanntlich problematisch geworden, was Bourdieu (1983: 190) lapidar so resümiert: „Die Rükkumwandlungsstrategien von ökonomischem in kulturelles Kapital gehören zu den veränderlichen Faktoren, die die Bildungsexplosion und die Titelinflation beeinflußt haben. Sie werden von der Struktur der Profitchancen bestimmt, die für die unterschiedlichen Kapitalformen jeweils gilt".

2.3 Der Kampf um kulturelle Güter und die Reproduktion gesellschaftlicher Ungleichheit

Das kulturelle Kapital ist nach Bourdieu, neben dem ökonomischen Kapital in bezug auf die ökonomischen Güter i.e.S., das entscheidende Mittel der Aneignung kultureller Güter, durch die in der entwickelten Industriegesellschaft soziale Ungleichheit mitreproduziert wird. Das dem einzelnen zur Verfügung stehende Muster der Ausstattung mit diesen beiden Kapitalarten ist nämlich mit zwei typischen alternativen Interessen der Betroffenen verbunden (wobei die Art der Beziehung nicht ganz klar ist, vermutlich aber als materialistische Determination des sozialen Interesses zu interpretieren ist): Prätention, d.h. Aufstiegsstreben in Richtung auf die Verfügbarkeit der hohen Kulturgüter, bei niedriger Ausstattung mit kulturellem Kapital, und Distinktion, d.h. soziale Unterscheidung und Abgrenzung „nach unten", bei entsprechend hoher Ausstattung. Das folgende längere Zitat mag dieses Verständnis der Funktion des kulturellen Kapitals als Distinktionsmittel im modernen Schichtungs- bzw. Klassensystem noch einmal illustrieren: „Die Auseinandersetzungen um die Aneignung der ökonomischen und kulturellen Güter stellen.. symbolische Auseinandersetzungen um jene **Distinktionsmerkmale** dar, die den wertvollen und wertverleihenden Gütern und Praktiken innewohnen, wie auch um die Bewahrung oder Vernichtung der Prinzipien, nach denen diese Merkmale distinguieren. Demzufolge stellt der Raum der Lebensstile... nichts anderes dar als eine zu einem bestimmten Zeitpunkt erstellte Bilanz der symbolischen Auseinandersetzungen, die um die Durchsetzung des legitimen Lebensstils geführt werden und ihre exemplarische Verwirklichung in den Kämpfen um das Monopol über die Embleme von 'Klasse' – Luxusgüter, legitime Kulturgüter und deren legitime Aneignungsweise – finden. Basis der Dynamik des Feldes, in dem die Kulturgüter produziert, reproduziert werden und über ihre Zirkulation Distinktionsgewinne verschaffen, sind die Strategien, die gerade durch ihre gegenseitige Konkurrenz zu diesen objektiven Ereignissen, der Seltenheit und dem Glauben an den Wert jener Güter, beitragen. 'Distinktion' oder besser 'Klasse' – legitimen, d.h. verklärten und als solchen unkenntlich gemachten Ausdruck von 'sozialer Klasse' – gibt es nur aufgrund der Auseinandersetzungen um exklusive Aneignung der Merkmale, die 'natürliche Distinktion' ausmachen.

Kultur und Bildung setzt... zwingend voraus, daß man sich auf das Spiel ernsthaft einläßt; und das Interesse an Kultur, ohne das es hier weder Wettbewerb noch.. Konkurrenz gäbe, ist selbst wieder auch Produkt dieser Konkurrenzsituation. Der Wert der Kultur als allerhöchster Fetisch erwächst aus der mit Eintritt in das Spiel gegebenen ursprünglichen Investition und aus dem kollektiven Glauben an den Wert des Spiels, der dem Spiel zugrundeliegt und den die Konkurrenz auch ständig wieder neu schafft. Hinter dem Gegensatz zwischen 'Echtem' und 'Imitiertem', zwischen 'wahrer' Kultur und 'Massenkultur', der das Spiel selber zugleich mit dem Glauben an den absoluten Wert dessen, was auf dem Spiel steht, begründet, versteckt sich eine zur Produktion und Reproduktion der **illusio..** nicht weniger unerläßliche **Komplizenschaft:** Distinktion und Prätention, hohe Kulturrund Durchschnittskultur haben – wie übrigens auch Haute Couture und Konfektionsmode, Haute Coiffure und Standardfrisur.. nur wechselseitig Bestand: Es ist ihre **Wechselbeziehung** oder, besser, die objektive **Zusammenarbeit** ihrer Produktionsapparate und ihrer jeweiligen Klientel, die den Wert der Kultur erzeugt wie das Bedürfnis nach ihrer Aneignung. In Auseinandersetzungen zwischen Kontrahenten, die objektiv Komplizen sind, konstituiert sich der Wert der Kultur oder, was letztenendes dasselbe ist, der Glaube an den Wert der Kultur, **das Interesse für und das Interessante an Kultur** – was keine Tatsache sui generis ist, wenn auch eine der Wirkungen des Spiels darin beruht, den Glauben an die Angeborenheit des Wunsches nach und des Vergnügens am Spielen zu erzeugen" (Bourdieu 1984: 388 ff.). In kurzen Worten: Der moderne Wettbewerb um Status und Macht richtet sich auch auf Kulturgüter, weil diese nämlich in einer eindeutigen Wert- und Geltungshierarchie angeordnet sind (freilich eine ideologische, gleichwohl objektiv wirksame, Selbsttäuschung der Menschen), und in der Teilnahme an diesem Spiel sind die „Klassengegner" in Wahrheit Komplizen.

Bourdieu (u.a. 1974) hat in seinem Werk auch eine Theorie der Alltagserkenntnis und ästhetischen Wahrnehmung entworfen, die hier nicht detailliert dargestellt werden kann (s. näher Müller 1986 a: 61 ff.). In ihr versucht er systematisch zu zeigen, auf welche Weise die dem common sense folgenden alltäglichen Wahrnehmungs-, Denk- und Beurteilungschemata (Doxa) typischerweise zur dogmatisierten herrschenden Lehre in einem Kulturbereich (Orthodoxie), vertreten durch die „Priester" der „reinen Lehre", oder aber zu deren kritischer, antidogmatischer revolutionärer oder avantgardistischer Infragestellung (Heterodoxie) werden kann. Die Gefolgschaften dieser beiden Richtungen entsprechen der Unterscheidung von Massen und Eliten. Müller (1986 a: 71 f.) beschreibt den Zusammenhang zwischen diesen kognitiven Mustern, dem kulturellen Kapital und der Klassenzugehörigkeit zusammenfassend folgendermaßen:

„Die Fähigkeit.., orthodoxe und sogar heterodoxe Urteile überhaupt abzugeben, variiert systematisch nach der Stellung innerhalb der Sozialstruktur und nach der Ausstattung mit ökonomischem und vor allem kulturellem Kapital... So setzt die Fähigkeit, ein heterodoxes Urteil in einem bestimmten Feld wie der Musik oder Malerei fällen zu können, die Kenntnis der doxischen Vorurteile wie der orthodoxen Konventionen voraus. Der Erwerb dieser intimen Kenntnis seinerseits hängt von bestimmten Bedingungen ab: Die Fähigkeit zu einem kompetenten künstlerischen Urteil beruht zunächst auf einem Elternhaus, in dem Musik und Malerei eine selbstverständliche, geradezu 'natürliche' Rolle spielen, ein Zustand, der für die Weckung des Bedürfnisses nach diesen Formen künstlerischer Unterhaltung konstitutiv ist... Ferner setzt diese Fähigkeit eine längere Ausbildung bzw. Bildungsphase voraus, in dem derjenige, entlastet von dem unmittelbaren Zwang zum Verdienen seines Lebensunterhalts, sich ganz dem Studium der Kunst widmen kann. Mit diesem Beispiel dürfte es einfach sein, die Kompetenz eines künstlerischen Urteils einer Klassenzugehörigkeit zuzuordnen. Weder der Industriearbeiter, der seit seinem 14 Lebensjahr seinen Unterhalt bestreiten muß, noch der kleinbürgerliche Angestellte, der rund um die Uhr an seine Karriere denkt und der möchte, daß es seine Kinder 'mal besser haben' als er, werden sich den 'Luxus' leisten können, sich die beschriebene künstlerische Kompetenz anzueignen. Wenn es schon vonnöten sein sollte, zu Malerei und Musik ein Urteil abgeben zu müssen, so kann man der Einfachheit halber auf die in den Doxa sedimentierten Erfahrungen zurückgreifen. Man redet also notfalls mit, ohne eigentlich mitreden zu können, was solange nicht auffallen muß, wie leicht zugängliche Klischees und Passepartouts die künstlerische Ignoranz kaschieren. Daraus ergibt sich folgerichtig, daß künstlerische Kompetenz vor allem in großbürgerlichen Kreisen konzentriert sein dürfte... Zieht man die theoretischen Konsequenzen aus dem geschilderten Beispiel, dann wird man soziokulturelles Milieu, Geld und Zeit als entscheidende Kriterien für die differentielle Verteilung von Erkenntnisfähigkeiten und Wahrnehmungsweisen bezeichnen können."

2.4 Kritik des Ansatzes

Bordieus Arbeiten, vor allem seine Aussagen zum kulturellen Kapital und zum Habitusbegriff, haben eine lebhafte Diskussion unter Sozial-, aber auch Erziehungswissenschaftlern in den letzten Jahren ausgelöst und zu zahlreichen Versuchen der Anwendung und Weiterführung dieses theoretischen Ansatzes geführt. Ich fasse hier einige Hauptargumente der Kritik zusammen, soweit sie für unseren Gegenstand erheblich ist:

(a) Zunächst ist die Leistung Bourdieus zu würdigen, durch sein Konzept der differentiellen Kapitalarten des Individuums bzw. seines privaten Haushalts die strukturelle Vielfalt der Quellen moderner sozialer Ungleichheit berücksichtigt und der Bedeutung der kulturellen Symbolwelt zu ihrem Recht verholfen zu haben. Die Realisierung dieses Programms erfolgt aber recht einseitig: Bourdieu beschränkt sich auf die Angebote und Güter des offiziellen Kulturbetriebs sowie die Freizeit- und Konsumbereiche, die nach seiner Ansicht in einer eindeutigen Wert- und Ligitimitätshierarchie angeordnet sind, die angeblich für die gesamte (französische?) Gesellschaft verbindlich sei; und er behauptet recht ungeprüft, daß diese Hierarchie der ökonomischen Klassenstruktur folgt.

(b) Bourdieu erweitert die traditionelle Klassen- und Schichtungstheorie zunächst fruchtbar durch seinen Lebensstilbegriff. In ihm sind Strukturaspekt (sozioökonomische Lage bzw. Kapitalstruktur) und Performanzaspekt (distinktives Handeln) verknüpft; als Nahtstelle fungiert der Habitus als „generatives Prinzip" des Verhaltens. Damit gehen zielgerichtetes Handeln und bewußte Entscheidungen in einen Lebensstil ein. In der Anwendung und Verallgemeinerung dieser Lebensstiltheorie durch Bourdieu selbst kommen aber am Ende doch wieder weitgehend die alten Klassenfraktionen heraus: Bildungsbürgertum, Besitzbürgertum, Kleinbürgertum, Arbeiter und Bauern (vgl. auch Abschnitt 4.3.1). Bourdieu analysiert sein empirisches Material nicht gezielt darauf hin, in welcher Weise sich Lebensstile relativ unabhängig vom ökonomischen und kulturellen Kapital, z.B. abhängig vom sozialen Kapital, der Stellung im Lebenslauf oder der Region, abgrenzen lassen.

(c) Weiterhin analysiert er die Lebensstile einseitig unter dem Blickwinkel der Distinktion bzw. des Aufstiegsstrebens (Prätention) und fragt nicht nach möglichen anderen verhaltens- oder identitätstheoretischen Funktionen. In der Unterschicht sei der Lebensstil überhaupt nur Ausdruck schlichter ökonomischer Notwendigkeit. Die Behauptung unterschiedlicher Funktionen der Lebensstile läßt jedoch das ganze Konzert als problematisch erscheinen: Bourdieu vermag nicht hinreichend zu klären, inwiefern klassenspezifische Funktion eines Lebensstils, allgemeine Konkurrenz oder das Nebeneinander prinzipiell gleichwertiger Lebensstile und Kampf um Erreichung des „höchsten" Lebensstils miteinander zu vereinbaren sind. So ist auch Honneth (1984: 160 ff.) aufgefallen, daß bei Bourdieu zwei Funktionsbestimmungen von Lebensstil unverbunden existieren: vom Habitus abgeleitete gruppenspezifische Lebensstile als „kulturelle Verkörperungen eines positionsabhängigen Nutzenkalküls" und die dem Begriff der Distinktion zugrundeliegende Annahme, „das die sozialen Gruppierungen sichruntereinander zu unterscheiden versuchen, indem sie wechselseitig voneinander abgesetzte Lebensstile einzuüben lernen."

(d) Die von Bourdieu vielfach behauptete Kongruenz von Kulturkapital, Symbol- und Sinnsystem, Verhaltensnormen nach „Legitimität" und Qualität sowie Klassenzugehörigkeit über die Lebensstile erscheint als eine Art Mystizismus. Die modernen westlichen Gesellschaften sind zweifellos pluralistischer in bezug auf das Nebeneinander von Subkulturen, geltenden Normen, legitimierenden Werten und Sanktionen; der Gebrauch der Kulturgüter läuft wahrscheinlich großenteils sogar quer oder in Indifferenz zum Schichtungssystem. So lassen sich im Musikleben die ohnehin willkürlich gezogenen Grenzen zwischen „unterhaltender" und „ernster" Musik oder zwischen Populärkultur und subventioniertem Opern- und Konzertbetrieb nicht mehr als Unterschied zwischen Massen- und Elitenkultur bestimmen; so erschließt die Rezeption von Popmusik eine erstaunliche Variationsbreite der Strukturen und Qualität (Lüdtke 1986 b).

(e) Die berechtigte analytische, d.h. rein theoretisch-begriffliche, Unterscheidung der drei Kapitalarten scheint bei Bourdieu teilweise zu ihrer Reifizierung zu führen, d.h. zu ihrer Behandlung, als seien sie getrennte empirische Tatbestände. Die Aussagen über die „Konvertierbarkeit" der Kapitalarten weisen jedenfalls darauf hin. Wenn aber in der Wahrnehmung und im konkreten Verhalten der Individuen die Ressourcenarten in Interdependenz bedeutsam werden, dann wäre ein Konzept ihrer Wechselwirkungen angemessener. So impliziert z.B. Bildung als „inkorporierte" Ressource einiges mehr als „kulturelles Kapital", d.h. Mittel der Aneignung von Gütern des offiziellen Kulturbetriebs. Sie ist zugleich: „ökonomisches Kapital" als Zugang zum Erwerbssystem, zu Wissen über die Möglichkeiten der Aneignung von materiellen Mitteln oder über sehr verschiedene Möglichkeiten, sich die Ökonomie profitabel zu erschließen. Sie ist „soziales Kapital" im engeren Sinne von sozialer Intelligenz, Kommunikationskompetenz und der Fähigkeit zur Beherrschung sozialer Situationen. Sie ist kulturelles Kapital im engeren Sinn, d.h. nicht so sehr im Sinne der Verfügbarkeit über die Werte, Normen und Symbole der Gesellschaft, sondern desjenigen Ausschnitts daraus, der marktorganisiert ist und in dem Kämpfe um Prestige und Einfluß stattfinden.

(f) Die Neigung Bourdieus zur Konstruktion von großenteils unhaltbaren Kongruenzen und Konvergenzen, zur reifizierenden und zirkulären Argumentation scheint letztenendes Ausfluß seines Festhaltens an historisch-materialistischen Denkfiguren und am Klassenkampfkonzept (Vester 1986: 99) zu sein. Dadurch scheinen die unterschiedlichen Ausformungen des Habitus und damit schließlich auch die Lebensstile durch die Klassenstruktur der Gesellschaft determiniert.
Der Präferenzen- und Gestaltungsspielraum im individuellen Verhalten, zumindest in den deutlich oberhalb des kulturellen Existenzminimums lebenden Schichten, hat in dieser Determinationskette keinen theoretischen Ort. Die behaupteten Übereinstimmungen der Welten des ökonomischen und des kulturellen Kapitals lassen die Theorie schließlich als eine des ökonomischen Determinismus erscheinen. In dieser Hinsicht mutet die Kritik durch Pfeffer (1985), der Bourdieus Theorie in der Fessel von „Negativismus", „Pessimismus" und „Fatalismus" sieht, und deren Aufklärungsanspruch sich selbst konterkariere, geradezu vernichtend an.

3. Erweiterung und Verallgemeinerung: Kulturelle Ressourcen = erworbene Kompetenzen + Symbolausstattung + Bildungstitel

3.1 Das theoretische Modell

Machen wir uns den Begriff des Kulturkapitals, freilich unter Verzicht auf die zuvor kritisierten theoretischen Belastungen bei Bourdieu, zueigen und sprechen wir in einem allgemeineren Sinn von den kulturellen Ressourcen eines Menschen, so können wir dieses Konzept unter folgenden Prämissen sinnvoll weiterverwenden:

(a) Kulturelle Ressourcen sind teils erworbene, teils sozial zugeschriebene Mittel der Daseinsaneignung und Lebensstilentfaltung. Sie lassen sich dem Ursprung und der Form nach vorwiegend dem Sektor der kulturellen Symbole und Güter zuordnen und eignen sich bevorzugt zum Erwerb von Vorteilen in der Welt der symbolischen Formen; ihr effektiver Nutzen für das Individuum reicht aber in allgemeinere Lebensbereiche, die die Entfaltung der Persönlichkeit im privaten Bereich wie die Selbstverwirklichung bei der Arbeit ebenso umfassen (Krais 1983) wie die Partizipation an Politik und Öffentlichkeit.

(b) Kulturelle Ressourcen stehen teilweise in Wechselwirkung mit ökonomischen und sozialen Ressourcen (Kontakten, Vernetzungen, Interaktionsfähigkeiten u. dgl.) und sind insofern nur analytisch trennbar. Sie schließen das Humankapital als die künftig ertragsfähigen Investitionen des einzelnen in den Erwerb von Wissen und Fähigkeiten (Becker 1975) ein und sind, einschließlich der Beherrschung vielfältiger, nicht substituierbarer Kompetenzen, allgemeiner als das höchstens auf indirekte Weise konvertierbare Kulturkapital (Wippler 1987).

(c) Kulturelle Ressourcen umfassen, wie andere auch, direkte Ressourcen (bestimmte Qualifikationen) und Belohnungen (z.B. Berufsprestige) und indirekte Ressourcen (z.B. Zeugnisse) und Belohnungen (z.B. freie Zeit) (Bader 1987). Ökonomische und soziale Ressourcen können auch als indirekte kulturelle Ressourcen fungieren. Diese Aussage ist eine Spezifikation der Wechselwirkungsthese.

(d) Die kulturellen Ressourcen eines Individuums lassen sich danach bestimmen als dessen Gesamtkomplex der erworbenen Kompetenzen als direkten Ressourcen sowie der Symbolausstattung und der Bildungstitel als indirekten Ressourcen.

Kompetenzen: Darunter können wir die erworbenen, einschließlich der in Interaktion mit Umweltanreizen entfalteten genetischen, individuellen Dispositionen (Wissen, Fähigkeiten, Fertigkeiten) für angemessenes Verhalten in Situationen verstehen. Maßstab für die „Angemessenheit" ist dabei der Handlungserfolg bzw. der „Nettonutzen" für den Handelnden in den Situationen, wo die jeweilige Kompetenz sich typischerweise zu bewähren hat. Bezogen auf die relevanten Fähigkeiten zum Sicherschließen der Kultur kann es sich bei den kulturellen Kompetenzen nur um eine allgemeine Qualifikation der Person handeln. Es ist daher sinnvoll, diese Kompetenzen als Beherrschung verschiedener Kodes zu interpretieren, d.h. als Beherrschung von Symbol-Bedeutung-Anwendung-Systemen, ihrer Regeln und Verknüpfungen (Bernstein, Brandis, Henderson 1973, Bourdieu 1974, Oevermann 1972). Drei analytisch zu unterscheidende Kodes sind in diesem Zusammenhang von Belang: der sprachlich-kognitive Kode als Mittel differenzierter Wahrnehmung, Artikulation und Kommunikation, der ästhetische Kode als Mittel der Geschmacksdifferenzierung, der Entschlüsselung, Interpretation und Aneignung symbolisch-künstlerischer Strukturen sowie der soziale Kode als verfügbare Umgangsformen, Mittel der flexiblen und sensiblen Gestaltung sozialer Rollen, der Interaktion und Kooperation, der Beherrschung und Beeinflussung sozialer Situationen.

Symbolausstattung: Die Symbolausstattung einer Person bzw. eines privaten Haushalts ist bereits Ergebnis der Anwendung von Kompetenzen, insbesondere des ästhetischen Kodes, und damit Bestandteil des Lebensstils. Sie ist aber desweiteren in mehrfacher Hinsicht als kulturelle Ressource verfügbar: nach innen wirksam, indem sie der Person Selbstbestätigungserfahrungen oder auch Krisenerfahrungen bezüglich der eigenen Identität, des eigenenrTerritoriums, des Lebenserfolgs, also relative Belohnungen vermittelt; nach außen wirksam, indem sie Stil- und Gruppenzugehörigkeit ebenso wie Individualität, bestimmte Wertorientierungen, Kompetenzen, Geschmacksstandards und Modetrends gegenüber anderen signalisiert bzw. bei anderen entsprechende Erwartungen und Verhaltensweisen auslöst, die auf sozialen Vergleich und Bewertung basieren und die von der Person als positive oder negative Sanktionen, als Markt- oder Einflußchancen verstanden werden können. Derartige kulturell bedeutsame Symbole lassen sich in zahlreichen Teilen der persönlichen Umwelt finden: Kleidung und äußere Erscheinung, Wohnung, Speisegewohnheiten, Objekte, Präferenzen und Medien für Reisen, Liebhabereien, Teilnahme am Kunstbetrieb und an der Massenkommunikation, Aktivitäten, Verhaltensformen und -routinen mit entsprechender Signalwirkung. Die Symbolausstattung erweist sich also speziell insofern als kulturelle Ressource, als sie Mittel für den Ausdruck und die Stilisierung der persönlichen Sphäre ihres Trägers ist.

Bildungstitel: Die indirekten Ressourcenfunktionen der Bildungstitel in der Form von z.B. Abschlußzeugnissen, Gesellenbriefen, Diplomen, Zertifikaten, Ernennungs- und Verleihungsurkunden, die über eine erworbene Qualifikation Auskunft geben, hat Bourdieu sehr ausführlich beschrieben. Sie lassen sich auf einen gemeinsamen Nenner bringen: Bildungstitel, insofern sie Erfolge ihres Trägers ausweisen, die gemäß einer gesellschaftlichen Rangordnung des Wertes und der Bewertung klassifizierbar sind, dokumentieren jeweils einen bestimmten Anspruch auf Sozialprestige, das dem Träger regelmäßig in dem Maße entgegengebracht wird, wie diese Rangordnung gilt. Sozialprestige bedeutet gesellschaftliche Anerkennung und Wertschätzung eines Individuums nicht als Person, sondern als Angehörigen einer durch den Titel definierten sozialen Kategorie oder Gruppe. Daß Sozialprestige eine Vorstufe oder ein Moderator von Macht und Herrschaft sowie Voraussetzung für diverse Zugangs-und Marktchancen ist, bedarf hier keiner Erläuterung.

Unsere Grundgleichung läßt sich nun folgendermaßen formulieren:

KULTURELLE RESSOURCEN	= erworbene Kompetenzen	+	Symbolausstattung ausstattung	+	Bildungstitel
	= Beherrschung des sprachlich-kognitiven, ästhetischen und sozialen Kodes	+	angeeignete expressive Medien	+	Sozialprestige

In Erweiterung eines Kausalmodells von Wippler (1987: 245) lassen sich die Funktionen der kulturellen Ressourcen folgendermaßen veranschaulichen, wobei wir uns das Individuum als (subjektiv) rational, an Nutzenmaximierung interessierten Handelnden vorstellen (Abb. 2).

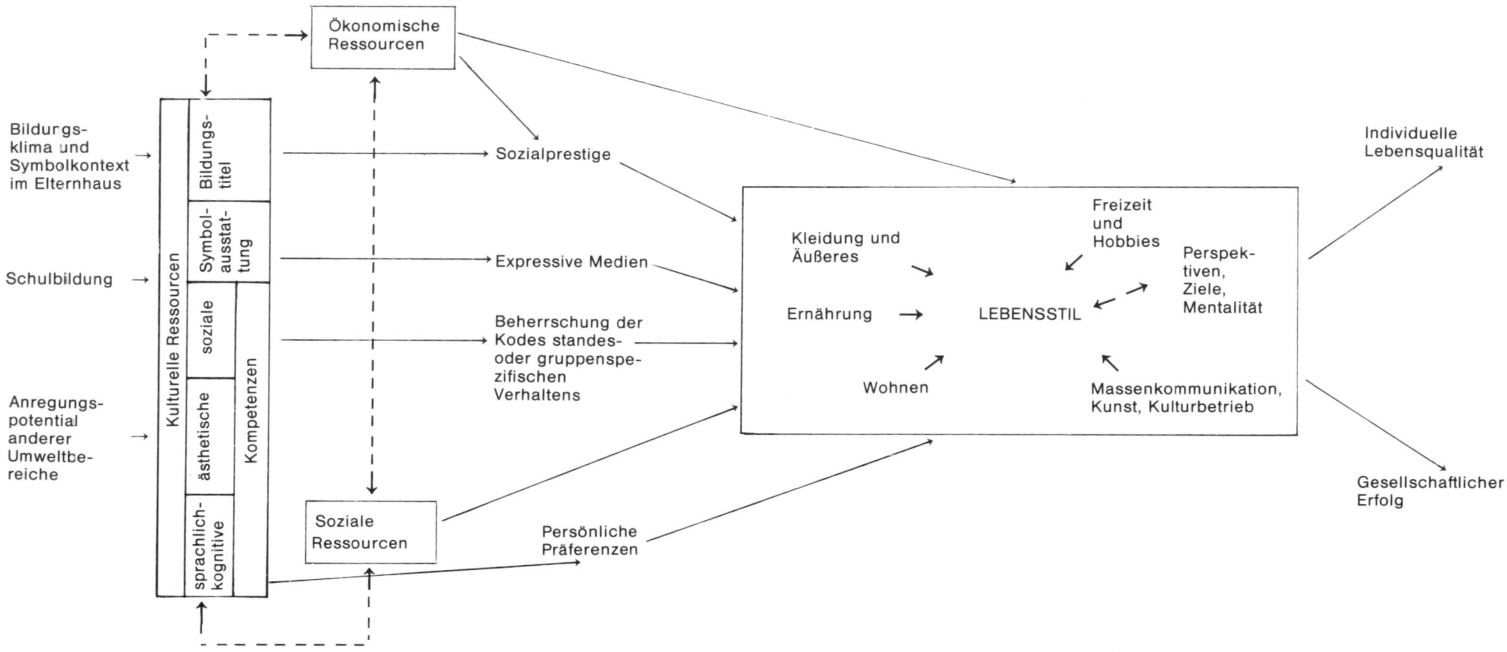

Abb. 2 Kausaler Kontext der kulturellen Ressourcen

Hiernach sind die kulturellen Ressourcen drei wichtige, interdependente Voraussetzungen für die Generierung und Entwicklung eines Lebensstils im Verein mit den ökonomischen und sozialen Ressourcen, die hier unspezifiziert bleiben und die in allgemeiner Wechselwirkung mit den kulturellen stehen. die persönlichen Präferenzen sind als Variablenkomplex eingeführt, um zu dokumentieren, daß der Lebensstil sowohl auf objektiven Ressourcen bzw. Zwängen als auch auf persönlichen Wahlentscheidungen basiert. Aus dem Lebensstilkomplex ergeben sich die Bedingungen, Verhaltensmuster und Mentalitäten, die schließlich über die relative individuelle Lebensqualität und den gesellschaftlichen Erfolg des Akteurs entscheiden. Damit ist auf allgemeine Weise der Lebensstil als „Schaltstelle" im Kausalnexus der Lebenszufriedenheiten kenntlich gemacht.

3.2 Freizeit- und Konsumverhalten als Element des Lebensstils

Kürzlich hat Gluchowski (1988) in dieser Schriftenreihe ein interessantes „Plädoyer für eine integrierte Analyse von Freizeitverhalten" unter dem Konzept der Lebensstile gehalten. Ich folge weitgehend seinen Argumenten, die darauf hinauslaufen, daß die Analyse und der Vergleich komplexer Verhaltensmuster, die Lebensstile ja darstellen, wirklichkeitsnäher sind und zu informativeren Einsichten führen können als die zahllosen „Einebenen"-Analysen. Gluchowski hat insgesamt 38 in einer Umfrage erhobene Einstellungsvariablen zur Persönlichkeitsstruktur, zu Bereichen der Lebensorientierung und zu den persönlichen Lebensbereichen Berufswelt, Familie, Konsum und Mode sowie Freizeit als Basis der Lebensstilklassifikation gewählt. Die meisten davon fallen auf Freizeit, Konsum und den Arbeit-Freizeit-Zusammenhang, so daß die Studie im freizeitwissenschaftlichen Rahmen sehr relevant ist. Mittels Clusteranalyse einer Stichprobe von 999 Befragten konnte der Autor folgende 7 Lebensstil-Gruppierungen trennen:

„reine" Typen:	1. der etablierte beruflich Erfolgreiche 2. der junge, freizeitorientierte Konsument 3. der häusliche, familienzentrierte Mensch
„gemischte" Typen:	4. der intrinsisch motivierte engagierte Jüngere 5. der passive, anpassungsfähige Arbeitnehmer
„diffuse" Typen:	6. der normorientierte Durchschnittsbürger 7. der zurückgezogene ältere Mensch

Die Anteile dieser Typen schwanken zwischen 10 und 17 % der Stichprobe.

Sicherlich lassen sich unterschiedliche Ansätze der Rekonstruktion von Lebensstilen anhand von Einstellungs- und Verhaltensvariablen theoretisch sinnvoll begründen. Mir scheint indes der Weg Gluchowskis, sich für überzeugungsgefärbte Bedürfnis-Wert-Orientierungen anstelle manifester Verhaltensweisen als Stil-Deskriptoren zu entscheiden, hinter Bourdieus Ansatz zurückzubleiben. Die von ihm rekonstruierten Einstellungsmuster stellen eher eine Mischung von Habitus-Dispositionen und Mentaliäten als Lebensstilreflexen dar, sind also den eigentlichen Stilen theoretisch teils vor-, teils nachgelagert, da sich mit Bourdieu zeigen läßt, daß eine Lebensstildefinition durch „Praktiken und Werke", sprich: die typischen Performanzmuster der Stilträger, theoretisch am ergiebigsten ist. Ich habe mich daher bei meinem eigenen Ansatz (Lüdtke 1989) für strengere Performanzdeskriptoren des Lebensstils entschieden: Ausstattung des Haushalts mit Gegenständen und Dekor, Häufigkeiten von Tätigkeiten, Mediengebrauch und geäußerte Geschmackspräferenzen in 6 Bereichen: Objektausstattung des Haushalts für nicht rein ökonomische Zwecke, Wohnungsausstattung, Freizeitverhalten und Hobbies, Lese- undr-Hörpräferenzen, Speisegewohnheiten, Kleidungspräferenzen und Äußeres. Zum **Lebensstil** wird ein typisches Muster dieser Deskriptoren dann, wenn wir es verstehen können als unverwechselbare Struktur und Form der subjektiv als sinnvoll empfundenen, durch Versuch und Irrtum, Lernen und Vergleich mit anderen, erprobten Gestalt der Lebensorganisation eines privaten Haushalts, die dieser mit einem Kollektiv teilt und dessen Mitglieder einander als sozial ähnlich wahrnehmen und bewerten.

Die Hauptfunktion eines Lebensstils, d.h. sein allgemein subjektiv erfahrener oder geglaubter Nutzen, ist vom Standpunkt des Handelnden die Sicherung und Vermittlung personaler und sozialer Identität. Wir können theoretisch annehmen, daß ein Individuum in diesem Sinne über ein bewährtes oder sogar ideales Modell für die Bewertung und Bewältigung neuer Situationen verfügt, das je nach der tatsächlichen Lebenserfahrung sukzessive ergänzt, bestätigt oder angepaßt wird, also eine Art Fließgleichgewicht darstellt. Lebensstile erlauben daher Alltagsroutine und stabilisieren subjektive Identität. Was nach innen als Modell für Routine erscheint, hat nach außen eine expressive Bedeutung: die symbolisch-soziale Form der Darstellung der eigenen Privatsphäre, wenn nicht sogar der Individualität, gegenüber anderen mit der Erwartung von Bestätigung und Respekt. In diesem allgemeinen Sinn ist nun auch Distinktion zu verstehen als die Expression der eigenen Person und Sphäre als Teil eines mit anderen Menschen und Gruppen geteilten soziokulturellen Territoriums und zugleich als Abgrenzung gegenüber den wiederum anderen.

Der expressive Charakter des Lebensstils begründet theoretisch auch, warum Freizeitaktivitäten seinen Kern darstellen, denn diese sind in moderner Sichtweise als vornehmlich expressiv gefärbt definiert. Darunter ist ihre besondere

Erlebnisqualität zu verstehen, durch die sie dem einzelnen und seiner Primärgruppe persönlichen Ausdruck und ganzheitliche Erfahrungen ermöglichen, jedenfalls der Tendenz nach überall dort, wo Arbeit und Freizeit stark polarisiert sind (Gordon & Gaitz 1976, Lüdtke 1986 a, Nauck 1983).

Eine sinnvolle Lebensstilanalyse bleibt natürlich nicht bei der Performanzbeschreibung und klassifikatorisch-typologischen Abgrenzung der Stile voneinander stehen. Ihre theoretischen Bezüge lassen sich erst entschlüsseln, wenn man sie einerseits aus der sozioökonomischen Lage ihrer Träger herleitet (Erklärung durch Ressourcen und Zwänge) und sie andererseits in Beziehung setzt zu den in Wechselwirkung mit ihnen stehenden Mentalitäten der Träger, d.h. ihren Einstellungen, Perspektiven, Orientierungen, Begründungen u.dgl., also Gluchowskis Datentyp (verstehende Erklärung). Hierzu würden auch die Endvariablen „individuelle Lebensqualität" und „gesellschaftlicher Erfolg" des Modells der Abb. 2 gehören, soweit sie sich aus den Selbstinterpretationen der Befragten ergeben.

Ich fasse die Gründe zusammen, die für Lebensstile als einen idealen Rahmen der Freizeitanalyse sprechen:

- Freizeit- und Konsumaktivitäten gehören mit den dafür vorgesehenen materiellen und symbolischen Ausstattungen ins expressive Zentrum des Lebensstils.

- Lebensstile bilden komplexe Präferenz- und Verhaltensmuster ab, sie garantieren daher eine stärker ganzheitlich bezogene und wirklichkeitsnähere Erkenntnis als dimensional reduziertere Analysen.

- An Lebensstilen, verstanden als Performanzmuster, läßt sich überhaupt erst das **Ergebnis** des Ressourceneinsatzes durch den Haushalt bzw. das Individuum studieren: wie erklärt – bei gegebenen Präferenzen, Zielen und kognitiven Orientierungen – eine bestimmte Ressourcenstruktur ein selektives Bündel von Aktivitäten, Ausstattungen und Gewohnheiten, wenn man verschiedene Lebensstile vergleicht? Diese Fragestellung scheint auch inrunserem Zusammenhang die angemessenste zu sein; und die Erforschung von Lebensstilen als Form sozialer Ungleichheit erhält dadurch eine handlungstheoretische Grundlage, in der auch die Wahlspielräume der Individuen berücksichtigt werden.

3.3 Kulturelle Ressourcen als Bedingungskontext der Freizeitaktivitäten und Selbstdarstellung durch den Lebensstil

Zum Schluß dieses notwendigerweise stark komprimierten theoretischen Teils möchte ich in Hypothesenform noch skizzieren, in welcher Weise sich kulturelle Ressourcen auf die Gestaltung der Freizeit bzw. des Lebensstils auswirken können. Ich beschränke mich dabei, auch weil der derzeitige Forschungsstand keine Alternative läßt, auf den undifferenzierten Ausstattungsgrad des kulturellen Kapitals nach dem Kriterium „niedrig versus hoch" und auf einige allgemeine Dimensionen des Lebensstils, die sich aufgrund meiner begrenzten Literaturdurchsicht bisher als theoretisch relevant erwiesen haben (vgl. Lüdtke 1989: Kap. 4). Zunächst lassen sich 5 übergreifende Dimensionen und innerhalb dieser dann noch spezielle Dimensionen unterscheiden.

(1) Orientierungsrichtung und Hauptmedium des Stils.
Je höher die Ausstattung mit kulturellen Ressourcen ist, desto wahrscheinlicher die Orientierung an „Sein" als an „Haben" als **Wertbasis;** desto eher neigt man zur „Untertreibung" (statt Repräsentativität) in der **Ausstattungsform** und zu Unauffälligkeit oder auch spezieller Subkulturrichtung in der **Symbolwirkung** (z.B. Orientierung an avantgardistischen Szenen).

(2) Innovationspotential.
Je stärker die kulturellen Ressourcen im Vergleich mit den ökonomischen sind, desto wahrscheinlicher Lebensstile mit hoher **Affinität zur industriellen Arbeitswelt oder zum modernen Dienstleistungsbereich und ihrer Kultur** (Modernität versus Traditionalismus) und desto stärker die Neigung zum zirkulären (versus expansiven) Wirtschaften als **Modell der Hauswirtschaft.**

(3) Ziel- und Aktionsraum.
Je stärker die kulturellen Ressourcen sind, desto höher die Bedeutung von Arbeitswelt und Öffentlichkeit (versus Freizeit und Privatsphäre) als **zentralen Lebensinteressen,** desto häufiger die aktiv-sportliche (versus passiv-konsumtive) Form des Erlebens in der **physiologischen Aktivität** und – wenn die sozialen Ressourcen auch entsprechend stark sind, desto stärker die Gemeindezentriertheit versus Heimzentriertheit in der **Ausübung sozialer Rollen.**

(4) Ästhetik.
Je stärker die kulturellen Ressourcen sind, desto ausgeprägter der ästhetische Aristokratismus (versus Sinn für Luxus und Unterhaltung) im **Modus des Kulturkonsums,** desto stärker die Asymmetrie und Heterogenität im **Zusammenhang der Ausstattungselemente** und desto ausgeprägter die Neigung zu expe-

rimentellem Spiel und flexibler Ordnung (versus Ritualismus, fester Ordnung) in der **symbolischen Fixierung der Identität.**

(5) Distinktion.
Je stärker die kulturellen Ressourcen sind, desto geringer die **Kulturkonformität** zugunsten der Orientierung an einer Subkultur bzw.rzu Lasten der Orientierung an der Modalkultur und desto größer die **Stärke des Distinktionsmotivs** in Richtung auf Exklusivität versus Konformismus.

Darüber hinaus hängen von der Höhe der Ausstattung mit kulturellem Kapital insbesondere ab: die „kulturelle Aktivität", vor allem im Sinne der Teilnahme am organisierten öffentlichen Kulturbetrieb; die Ausübung aktiv-kreativer künstlerischer, musikalischer, literarischer Hobbies; die Differenziertheit und das Anspruchsniveau der Nutzung der Medienangebote; die Vielfalt der Genre-Präferenzen und Interessen bezüglich der kulturellen Produktionen; die politischen Interessen und die politische Teilnahme.

4. Empirische Analysen

4.1. Zusammenhänge zwischen den Ressourcenarten

Analysieren wir die empirischen Beziehungen zwischen einer Ressourcenart und irgendwelchen Verhaltensvariablen und wiederholen wir diese Analyse mit jeweils anderen Ressourcenarten, so sind die Ergebnisse dann nicht ohne weiteres vergleichbar, wenn die Ressourcenarten selbst korreliert sind, d.h. wenn diese nicht unabhängig voneinander auf die Individuen verteilt sind. Wenn wir also den Einfluß der kulturellen Ressourcen auf bestimmte Aktivitäten messen, dann geht in seine Meßgröße teilweise eine Konfusion der Einflüsse verschiedener Ressourcenarten ein. Welche „Mixeffekte" dieser Art sind daher zu erwarten, wenn man die „Wirkungsbegleiter" der kulturellen Ressourcen mit berücksichtigt?

Diese Frage läßt sich anhand der Freizeitforschung nicht systematisch, anhand der Literatur zur sozialen Schichtung nur unvollständig beantworten. In der dort angesiedelten Forschungstradition wurde ein Modell bevorzugt, nach dem sich der sozioökonomische Status eines Menschen hauptsächlich aus den meßtechnisch gut zugänglichen „Elementen" Schulbildung, Berufsprestige und Einkommen zusammensetzt. Die Vorstellung von Status als von einem zusammengesetzten Konstrukt setzt allerdings eine deutliche Interkorrelation der Elemente voraus. Ihre Messung hat zu mäßig bis hohen Engewerten geführt, die allerdings aufgrund der erheblichen Stichprobenunterschiede und der Abweichungen der Operationalisierung zwischen den einschlägigen Untersuchungen (Herz 1983, Müller 1975, Pappi 1973) stark schwanken. So korrelieren: Schulbildung bzw. Ausbildung einschließlich des Schulbesuchs und Berufsprestige zwischen .30 und .80, Bildung und Einkommen zwischen .30 und .50 und Berufsprestige und Einkommen zwischen .30 und .60.

Genauer bestimmbar und theoretisch informativer werden die Beziehungen zwischen diesen Statusindikatoren, wenn man sie nach dem kausalen Modell der Statuszuweisung bzw. des Statuserwerbs analysiert. Dieses Modell geht auf die Vorstellung zurück, daß in der kausalen Hauptkette das soziokulturelle Milieu des Elternhauses die Schulbildung (der Befragten) direkt bedingt, diese den Beruf bzw. dessen Prestige, dieser schließlich das Einkommen, wobei der Prozeß nicht umkehrbar ist. Über die Ergebnisse einer der neueren, wahrscheinlich immer noch umfangreichsten Studien zu dieser Problematik mit Daten aus sechs Ländern berichtet Herz (1983: 208 ff.). Danach werden die Varianzen der folgenden Variablen jeweils erklärt:

die Schulbildung zu 11 – 24 % durch Schulbildung und Beruf des Vaters, der Beruf bzw. sein Prestige zu 23 – 37 % durch die Schulbildung und (geringfügig) die beiden Vatermerkmale,
das persönliche Einkommen zu 12 – 29 % durch den Beruf (Hauptanteil) und die Schulbildung, mit zu vernachlässigenden Einflüssen der Vatermerkmale.

Leider liegen entsprechend genauere Schätzungen der Effekte, die auf andere Ressourcenarten wirken oder von diesen ausgehen, in der Literatur bisherr-nicht vor.

Die Daten von 98 Befragten meiner explorativen Lebensstilstudie (siehe Anhang B) lassen den Versuch zu, die verschiedenen Ressourcen der Befragten operational, d. h. durch konkrete Meßindikatoren, zu bestimmen und ihre empirischen Beziehungen untereinander sowie mit Verhaltensvariablen zu untersuchen. Zunächst wurden, ausgehend von Bourdieus Unterscheidung der drei Kapitalarten, mittels Hauptkomponentenanalysen die wichtigsten gemeinsamen Dimensionen (Faktoren) der Ressourcenvariablen bestimmt. Diese sind als unabhängige latente Variablen bzw. als Konstrukte oder Indices aus mehreren Teildimensionen zu verstehen. In Anlehnung an das theoretische Modell der Abbildung 2 habe ich die „kulturellen Ressourcen" durch die Befragten-Gemeinsamkeiten in bezug auf vier Merkmale operationalisiert: Schulbildung (4 Stufen), Berufsprestige (20 Stufen, zusammengefaßt bilden sie die Statuskategorien in Anhang B), Ausstattung mit Büchern (Angabe „viele Bücher im Wohnzimmer", nein/ja, durch die Interviewer), Anzahl der Gegenstände der Kunst und für Hobbyzwecke im Haushalt (Auszählung nach einer ausgefüllten Liste als Anlage zum Fragebogen). Durch diese vier Indikatoren dürften Kompetenzen, Symbolausstattung und Titel der Befragten hinreichend repräsentiert sein. Die Abbildung 3 (vgl. Abschnitt 4.4) informiert über die „Vernetzung" der kulturellen Ressourcen. Die Pfadkoeffizienten dieses Modells entsprechen Faktorladungen bzw. standardisierten partiellen Regressionskoeffizienten. Aus ihnen lassen sich die beobachteten Korrelationen der manifesten Variablen annähernd korrekt reproduzieren.

Als weitere Maße der Kapitalsorten bzw. Ressourcenarten wurden in der Form der Faktorwerte aus Hauptkomponentenanalysen bestimmt:

ökonomisches Kapital
I = individuelle Geld- und Raumreserven (Pro-Kopf-Einkommen, -Wohnfläche und -Zahl der Wohnräume)

H = Haushaltseinkommen und -ausstattung (Haushaltseinkommen, Anzahl der investierten Gegenstände im Haushalt)

soziales Kapital

B = Teilnahme am Berufssystem (Berufstätigkeit des Befragten und im Haushalt, verfügbare freie Zeit)

O = öffentliche Rollen (Anzahl der formalen Mitgliedschaften, Berufsprestige)

P = private Kontakte (wahrgenommener sozialer Rückhalt: Beurteilung der Kontakthäufigkeit in bezug auf verschiedene Gruppen und Anlässe, Häufigkeit von Gästen bei der Hauptmahlzeit im letzten Jahr).

Die Korrelationen zwischen „kulturellen Ressourcen" und den übrigen Ressourcenarten betragen:

H:	.38
I:	.32
O:	.11*
B:	.06
P:	–.03

Die kulturellen Ressourcen sind hiernach schwach bis mäßig mit den ökonomischen Ressourcen korreliert, aber praktisch unabhängig von den sozialen Ressourcen. Allerdings ist dieser Befund wegen des geringen Stichprobenumfangs kaum verallgemeinerungsfähig. Jedenfalls läßt sich, im Sinne der Statuszuweisung, der größte Teil der Korrelation zwischen kulturellen und ökonomischen Ressourcen auf den Einfluß der Bildung als Einstiegstitel auf die Arbeitsmarktchancen und damit auf das Einkommensniveau interpretieren.

Übrigens korreliert die Ausübung öffentlicher Rollen nur gering mit der individuellen Ökonomie (r =.30) und der Haushaltsökonomie (r =.27), die privaten Kontakte korrelieren mit der Haushaltsökonomie mit einem Wert von r =.21, und mit den individuellen Geld- und Raumreserven sogar schwach negativ (r = -.22): „reichere" Individuen leben stärker in öffentlicher Vernetzung zu Lasten der privaten Kontakte.

* Da sowohl in die Konstruktion der kulturellen Ressourcen wie in die der öffentlichen Rollen das Berufsprestige eingegangen ist, handelt es sich hierbei um eine partielle Korrelation, d. h. einen Zusammenhang unter Ausschluß des Einflusses des Berufsprestiges

Die schwachen Wechselwirkungen zwischen den Ressourcenarten bedeuten theoretisch, daß diese offenbar im Spannungsfeld relativ autonomer gesellschaftlicher Räume entstehen, in denen auch die Prozesse der Sozialisation des einzelnen und seines Statuserwerbs entsprechend relativ unkoordiniert bzw. relativ eigenständig ablaufen. Mehr als dies anscheinend Bourdieu theoretisch zu berücksichtigen bereit war, vollzieht sich die Allokation der unterschiedlichen Ressourcen unter dem Einfluß des Strukturwandels mit der funktionalen Ausgliederung von Familie und Elternhaus, Schule, Berufssystem und „Kultur" (vor allem der Massenmedien) als Konsequenz. „Dieser Strukturwandel – die Freisetzung der Familienmitglieder aus ihrem Stand, aus dem 'ganzen Haus' (Otto Brunner), die Entwicklung eines neuen ökonomischen Marktes sowie die dadurch mögliche, ja geradezu bedingte Isolation der Familienmitglieder (bzw. positiv gewendet deren Individualisierung) in der 'unselbständigen Familie' bzw. im 'separaten Lebensbereich (Rosenbaum..) – schafft die Voraussetzungen dafür, daß sich der kulturelle, soziale und ökonomische Markt jeweils relativ autonom entwickeln können, wobei diese Märkte insgesamt quer zur traditionellen ständischen Schichtung liegen. Der kulturelle Markt ist seitdem dadurch gekennzeichnet, daß seine Güter in unterschiedlichen Institutionen produziert werden: 'Wissen' im Bildungssystem und einer sich neu entfaltenden Öffentlichkeit sowie 'Affektkontrolle' (Elias) und 'gesellschaftliche Urteilskraft' (Bourdieu) in der Familie" (Müller-Rolli 1985: 348). Im übrigen zeigt sich auch in den Daten der explorativen Studie, daß das Bildungsmilieu der Eltern nur einen geringen Einfluß auf die kulturellen Ressourcen der Befragten hatte (vgl. Abb. 3).

4.2. Bildung und Freizeitverhalten

Die geläufigsten Daten über den Einfluß der kulturellen Ressourcen sind die zahlreichenden vorliegenden empirischen Befunde zum Zusammenhang zwischen formaler Bildung und dem Freizeitverhalten – die Freizeitforschung hat sich leider bisher fast ausschließlich auf diese einfachste Modellierung unserer Fragestellung beschränkt. Ich gebe hierzu einen komprimierten Überblick.

Verschiedene, um Übersicht bemühte Autoren haben Bildung als starken, zentralen oder sogar wichtigsten Prädiktor oder Determinante des Freizeitverhaltens bezeichnet (Giegler 1982: 355 ff.; Scheuch 1977: 88; Schmitz-Scherzer 1974: 81). Als gesichert kann gelten, daß auf der empirischen Ebene der Bildungsgrad stärker als Einkommensmerkmale zur Variation der Freizeitaktivitäten nach ihrer Häufigkeit beiträgt. Eine genauere Abschätzung seiner relativen „Determinationskraft" wird im Abschnitt 4.5 versucht. Es versteht sich von selbst, daß Bildung nicht immer in linearer Beziehung zur Freizeit steht; so sind etwa manche, allerdings noch zu wenig entschlüsselte Interessen oder Aktivitäten typisch für Gruppen mit mittlerer, aber untypisch für solche mit unterer oder höherer Bildung, z.B. im Outdoor- und Do-it-yourself-Bereich.

Generell fördert die Bildung, je nach Niveau, soweit dies die zahlreichen Umfragen nahelegen: Eigeninitiative, Kreativität, Selbstverwirklichung, allgemeines Aktivitätspotential, gesellige Unternehmungen und Kommunikation, Abwesenheit von Langeweile in der Freizeit, aber auch die „Erinnerung an mißlungenen Feierabend", d.h. offenbar die Sensibilität, das Erwartungs- und Anspruchsniveau der individuellen Freizeitsphäre (Freizeit-Daten 1982: 90, 121).

Bezogen auf einzelne Aktivitäten oder Typen von Tätigkeiten **steigen** z.B. mit dem Bildungsgrad: Lesen, Aktivsport, Baden und Schwimmen, Tanzen und abends Ausgehen, Aktivitäten in Organisationen, Hobbies (ohne Handarbeit, Funken u.ä.), Weiterbildungsaktivitäten, und **sinken:**
manuelle Tätigkeiten, Radio hören, Fernsehen.

Bourdieu (1984) hat eine große Vielzahl von Themen, Interessen, Objekten und Aktivitäten der Freizeit, der Massenkommunikation, des ästhetischen Geschmacks und der Teilnahme am Kulturleben erschlossen, die (in der französischen Gesellschaft der 60 und 70er Jahre) mehr oder minder deutlich vom Bildungskapital abhängen. Der größte Teil seiner Analysen stellt diese Gegenstände jedoch in den Kontext von Bildung und Einkommen (ökonomischem Kapital), da Bourdieu hauptsächlich an den Lebensstilen bzw. „Klassenfraktionen" in diesem zweidimensionalen Raum interessiert war. Wir werden noch sehen, daß diese erweiterte Betrachtung informativer ist als die getrennte Verfolgung der Bildungsdimension.

Ein Datenbeispiel (Bourdieu 1984: 832 f.) mag exemplarisch illustrieren, wie der Bildungsgrad (gemessen in 7 Stufen) und die „ästhetische Einstellung" zusammenhängen: hierzu wurden Befragten 21 Motive vorgelegt mit der Bitte anzugeben, ob sie sich für ein schönes Foto eignen (Prozentangaben). Mit steigendem Bildungsgrad **sinkt** z.B. die Wahl der Motive: Autounfall, Verwundeter, Schrottplatz, Metzgerstand, Kohlköpfe, Stahlgerüst, Schlange und **steigen** die Anteile für: Sonnenuntergang, Erstkommunion, Mädchen mit Katze.

In der folgenden Übersicht habe ich versucht, Freizeitziele und -aktivitäten nach ihren in empirischen Erhebungen festgestellten relativen Häufigkeiten 3 groben Bildungsstufen zuzuordnen und dabei Material aus der Schweiz (Lalive u.a. 1980: 522) und Frankreich (Bourdieu 1984: 212 f.) zusammengefaßt, das tendenziell wohl aber auch auf die Bundesrepublik übertragbar ist. Dabei müssen wir freilich annehmen, daß vor allem die Grenze zwischen oberer und mittlerer Bildungsschicht inzwischen stark fließend geworden ist.

Höhere Bildung	Konzerte, Theater, Schreiben, Galerien, Malen, Kreuzfahrt, Ausstellungen, Golf, Oper, Bergsteigen, Schach, Wasserski, Reiten, Restaurant, Kurse, Tennis, Wandern, Radtourismus
Mittlere Bildung	Briefmarken, Ski, Töpferei, Weben, Photographieren, Musizieren, Lesen Gymnastik, Schwimmen, Museum, Einladungen, Briefmarken, Gruppensport, Spaziergang in der Stadt, Handarbeiten, Basteln, Camping
Untere Bildung	Wagenpflege, öffentliche Feste, Pétanque (Kugelspiel), Fernsehen, Sportveranstaltungen

Die formale Bildung scheint unter den **„kulturellen" Aktivitäten** i.e.S. noch am deutlichsten diejenigen zu bedingen, die in einem öffentlich veranstalteten Rahmen stattfinden. Dies wird durch folgende (Produkt-Moment-)Korrelationen zwischen Bildungsgrad (4 Stufen) undrentsprechenden Tätigkeiten belegt, die in meiner eigenen Lebensstiluntersuchung erhoben wurden:

Veranstaltungsaktivität (Index aus den subjektiven Häufigkeiten aller Veranstaltungsarten)	.60
Theaterbesuch (Häufigkeit im letzten Jahr)	.45
Fort- und Weiterbildungsaktivitäten in der Freizeit (Häufigkeit in den letzten 14 Tagen)	.39
Konzertbesuch (im letzten Jahr)	.33
Anzahl der besuchten Veranstaltungen in den letzten 3 Monaten	.27
Kulturelle Rezeption (wie Musik hören, Lesen etc.) als Hobby	.26
Buchlektüre (in den letzten 14 Tagen)	.25
künstlerische Hobbies (in den letzten 14 Tagen)	.08

Bereits bei **Jugendlichen** sind Freizeitinteressen und -aktivitäten teilweise bildungsspezifisch verteilt, wenn auch aus naheliegenden Gründen in noch nicht so ausgeprägter Form wie bei Erwachsenen jenseits des 25. Lebensjahres (Lüdtke 1972: 253 ff., 336; Schilling 1977: 103 ff.). Mit steigender Schulbildung verstärken sich reflexive und kontemplative sowie leistungsbezogene Orientierungen, spezielle Interessen und Hobbies, Bildungsaktivitäten, Reisen, Wandern, Camping, individuelle Entspannung und Ruhe. Generell sind vom Bildungsgrad bei Jugendlichen, wie bekannt, kognitive und sozial-kommunikative Kompetenz, Aktivitätspotential und Aktionsradius, Autonomie und Leistungsmotivation im Freizeitverhalten schwach bis mäßig abhängig.

Das Freizeitverhalten **älterer Menschen** indiziert wohl am nachhaltigsten die Langzeitwirkung des kulturellen Kapitals. In einer Großstadt wurden ältere Bürger gefragt, welche Freizeitangebote sie regelmäßig besuchen. Danach betrug das X-fache des Prozentwerts der Teilnahme zwischen der ersten (Volksschule ohne Lehre) und der vierten Bildungskategorie (Abitur oder Hochschule) bei Museen, Ausstellungen 7,2; Theater, Oper, Operette, Konzert 5,8; Hallenbad, Freibad 5,O; Club, Verein, Partei o.ä. 2,2; Zoo l,6; der Anteil der Angaben „nichts davon" sank um das 3,3-fache (Stadt Münster 1980: 38). Danach erweist sich Bildung bzw. kulturelles Kapital als bedeutsamer Faktor der öffentlichen Aktivitäten älterer Menschen, als Indikator eines engen Zusammenhangs von Kompetenz, Belastungsfähigkeit, Aktivität und Erfolgserlebnissen, der, früh angelegt, bis ins hohe Alter wirksam bleiben kann (Tokarski 1987: 215, 360 f., 367 ff.).

Giegler (1982: 163 f.) hat darauf aufmerksam gemacht, daß nach der klassischen, um die Jahrhundertwende entstandenen Studie von Thorstein Veblen (1957) das Verhalten der alten Mußeklasse erheblich durch Bildungsund Wissensvorteile, also kulturelle Ressourcen geprägt gewesen sei und vielleicht gerade deshalb teilweise als arbeits- und zeitaufwendige Pflichterfüllung erfahren wurde, auch wenn wir es heute hauptsächlich unter dem Blickwinkel des demonstrativen Konsums betrachten. „Zu den Lebensäußerungen, die bewußt in der Absicht an den Tag gelegt wurden, die Zugehörigkeit zur 'Muße-Klasse' in der Öffentlichkeit zu demonstrieren, gehörten – abgesehen von dem Nachweis, nicht produktiv arbeiten zu müssen (...) – beispielsweise Kenntnisse auf bestimmten, nicht unmittelbar im materiellen Sinne nutzbaren Bildungszweigen ('tote Sprachen', spezielle Formen der Syntax und Semantik im umgangssprachlichen und schriftlichen Ausdruck u.ä.m.), das Wissen um die neuesten Moden in Kleidung, Mobiliar und Wohnraumgestaltung, die Ausübung charakteristischer Amüsier- und Sportarten, vor allem aber eben auch die Beherrschung spezifischer Formen des gesellschaftlichen Auftretens. Ein gewisses Paradox kommt dabei darin zum Ausdruck, daß die mehr oder minder demonstrative Zurschaustellung allrdieser 'musischen' Lebensäußerung zuweilen gar nicht so sehr mit 'Muß im Sinne von Anstrengungslosigkeit und Müßiggang, sondern ganz im Gegenteil oft mit nicht unerheblichen Belastungen verbunden war" (Giegler 1982: 163). Diese Privilegiertheit der „feinen Leute" ist im Zuge der allgemeinen Verkürzung der Arbeitszeit, der massenhaften Verbreitung und Kommerzialisierung der modernen Freizeit längst weitgehend obsolet geworden. Allerdings dürfte der besondere Aneignungs- und Gestaltungsspielraum aufgrund einer hohen Ausstattung mit kulturellen Ressourcen erhalten geblieben, wenn nicht sogar größer geworden sein, was Wippler (1973: 106) zu folgender Prognose veranlaßt hat: „Es ist.. durchaus denkbar, daß sich in der Zukunft eine neue Freizeitklasse, bestehend aus hochgebildeten Personen, entwickeln könnte. In dieser neuen Klasse wird das beerbte Privileg der traditionellen Freizeitklasse (Verfügung über Freizeit) durch das erworbene Privileg, seine Begabungen im Gebrauch der Freizeit entwickeln und nutzen zu lernen, ersetzt."

4.3 Freizeit- und Lebensstile in Abhängigkeit von kulturellen Ressourcen

Wie gezeigt wurde, verträgt es sich mit einer mehrdimensionalen Rekonstruktionslogik der Lebensstile nicht, diese nach ihren eindeutigen sozialstrukturellen Determinanten zu befragen, da derart komplexe, untereinander nur relativ unscharf abgrenzbare Muster von Aktivitäten und Merkmalen der Lebensorganisation in unserer Gesellschaft nicht eindeutig objektiv determinierbar sind. Dennoch sollen im folgenden anhand der jüngeren Forschung exemplarisch diejenigen Freizeit- oder Lebensstile dokumentiert werden, die jeweils mit relativ hohen bzw. niedrigen kulturellen Ressourcen verbunden sind, hier meist indiziert durch die formale Bildung der Befragten.

4.3.1 Bourdieu: Bildungs- versus Besitzbürgertum

Bourdieu hat keine sehr differenzierte empirische Klassifikation von Lebensstilen unternommen. Er stellt diese als mehr oder minder sich überschneidende „Fraktionen" in einem mehrdimensionalen Raum von Eigenschaften und Bedeutungen der sozialen Position und des Geschmacks dar (Bourdieu 1984: 212 f., 405 ff., 409, 533). Die Daten wurden in verschiedenen Befragungen in den sechziger Jahren in Paris und anderen französischen Städten erhoben. In einem zweidimensionalen Raum, der durch die Dimensionen des ökonomischen und des kulturellen Kapitals konstituiert wird, ergaben sich z.B. folgende typische Konstellationen. Ist das Kapitalvolumen insgesamt hoch, dabei aber das kulturelle Kapital niedrig, so vereinigen sich zu einem Lebensstil typischerweise die Positionen Unternehmer aus Mittelstädten mit etwa 2 Kindern mit u.a. den Elementen: Gemäldesammlung, Automobil-Club, ausländische Autos, Reisen, Champagner, Ferien im Hotel, Versteigerungen, Lektüre historischer Berichte. Ist das Kapitalvolumen dagegen durchschnittlich, dabei aber das kulturelle Kapital hoch, so vereinigen sich Lehrer, Studenten, Kulturvermittler mit weniger als 2 Kindern in Kleinstädten mit Elementen wie: Jacques Brel, Ravel, Van Gogh, Töpferei, Brassens, moderner Jazz, Jeans, Briefmarken sammeln, Utrillo, Abendkurse etc. Empirische Muster dieser Art hat Bourdieu, in starker typologischer Vereinfachung, zu vier fundamentalen Lebensstilen zusammengefaßt: Bildungsbürgertum, Besitzbürgertum, Kleinbürgertum, Arbeiter und Bauern. In der folgenden Übersicht gebe ich die Lebensstildifferenzierung innerhalb des Bürgertums, d.h. des „herrschenden" Geschmacks wieder (nach Müller 1986 a: 91 a).

Anatagonistische Lebensstile des herrschenden Geschmacks

Lebensstile / Kriterien der Differenzierung	Bildungsbürgertum versus	Besitzbürgertum
Buchlektüre	„hohe Literatur": (1) Gedichte (2) philosophische Essays (3) politische Werke	„leichte Literatur": belletrist. Erzählungen
Zeitungslektüre	„progressiv" LE MONDE	„konservativ" FRANCE SOIR L'AURORE
Theater	„Wohlgefallen" Theater	„Genuß" Boulevard, Variété
bevorzugte Instituinalisierungsart von Ausstellungen	Museen „symbolischer Konsum"	Galerien „symbol. u. materieller Konsum"
Musik	Klass. Musik „schwer"	Unterhaltungssendungen „leicht"
Stil des Einkaufs	Flohmarkt „billig" und „originell"	Messen „teuer" u. „up-to-date"
Freizelthobbies	Camping Bergsteigen („Gebirge") Wandern	Hotel in Luxusbadeorten, Yacht u. Luxusauto („Meer"), Jagd u. Pferdetoto
	„ästhetischer Aristokratismus"	„Sinn für Luxus"

In dieser Übersicht werden also 2 Stile kontrastiert, die mit einem Übergewicht des kulturellen bzw. ökonomischen Kapitals gegenüber dem jeweils anderen verbunden sind. Dabei verfügt das „Bildungsbürgertum" allerdings über das höchste kulturelle Kapitalvolumen, während das „Besitzbürgertum" dagegen nicht über ein extrem niedriges, sondern ein durchschnittlich eher mittleres Volumen des kulturellen Kapitals verfügt.

4.3.2 Giegler: Zwei komplexe Freizeitstile mit konstrastierendem Kapital

Giegler (1982: 400 – 524) hat auf der Basis einer Zufallsstichprobe von 602 Lüneburgern, die 1975 befragt wurden, sehr komplexe Typen des Freizeitverhaltens klassifiziert, die sich als Freizeitstile in einem sehr weiten oder als Lebensstile in einem spezifischen Sinn verstehen lassen. In eine Profil-Cluster-Analyse wurden 78 Variablen einbezogen: Sozioökonomische Merkmale der Person und des Haushalts, finanzielle Ausstattung, Merkmale des Bekanntenkreises, der Berufstätigkeit, der Gespräche mit anderen, der Art der Tätigkeit, der Beschreibung und Bewertung verschiedener Lebensbereiche, geäußerte Ziele und Perspektiven sowie subjektive Häufigkeiten von 22 Freizeitaktivitäten. Giegler konnte 10 Cluster bilden und ordnete sie den dominanten beruflichen und/oder demographischen Merkmalen der Gruppen zu. Im folgenden werden die beiden Typen (gekürzt) dokumentiert, die sich hinsichtlich ihres kulturellen Kapitals extrem unterscheiden:

<u>Bildungsbeamtenfreizeit</u>:
Bei dieser Gruppe wird ein soziales Gesamterscheinungsbild erkennbar, das sowohl in subjektiver als auch in objektiver Hinsicht einen äußerst positiven Eindruck vermittelt, der sich in so deutlich ausgeprägter Form bei keiner der in den anderen Clustern zusammengefaßten Personengruppe findet. „Triviale" Freizeitaktivitäten, wie Fernsehen und Schlager und Tanzmusik hören, werden deutlich seltener ausgeübt, Bücher oder Zeitungen lesen sowie Theater- oder Konzertbesuch deutlich häufiger. Dies dürfte wohl darauf zurückzuführen sein, daß sich die Bildungsbeamten sowohl von den materiellen als auch von den geistigen Voraussetzungen her gesehen in der Lage befinden, einen relativ großen Teil ihrer Freizeit der Rezeption „kultureller Angebote" zu widmen, also in bestimmter, wenn auch sicherlich eingeschränkter Weise das Ideal der „klassischen Muse" zu erfüllen; zum anderen aber wohl auch darauf, daß sie aufgrund der von ihnen sehr positiv bewerteten Erwerbstätigkeitsbedingungen kaum ein besonderes Verlangen nach einer kompensatorischen oder regenerativen Freizeitverbringung verspüren – im Gegenteil: ihre Erwerbstätigkeit wird von vielen offenbar als etwas so Positives empfunden, daß sie noch in kon-

tinuitiver Weise auf ihr Freizeitverhalten ausstrahlt. Die Grenzen zwischen Erwerbstätigkeit und Freizeit sind bei dieser Berufsgruppe sehr fließend; man mißt der Berufstätigkeit auch einen gewissen, wenngleich sicherlich individuell unterschiedlich abgestuften „Eigenwert" bei. Die in der Freizeit gepflegten formellen Sozialkontakte, wie sie durch die Variable „Club oder Vereinsmitgliedschaft" erfaßt werden, haben in dieser Gruppe die stärkste Ausprägung von allen Clustern. Die soziale Stellung der Bildungsbeamten ist, bedingt durch ein hohes Sozialprestige, relativ priviligiert: so scheint es plausibel, daß hier die Funktion der Freizeit zu distinktiver Demonstration (Nutzung zur „Angabe") weitgehend zurückgewiesen wird. Eine vergleichsweise rege Intensität entfalten die Bildungsbeamten auch auf dem Gebiet der Outdoor-Aktivitäten: Spazierengehen, Wandern, Fahrt am Wochenende in die nähere Umgebung. Angesichts der bestehendenr„Nivellierungstendenzen" in der Kennzeichnung der sozialen Schichtzugehörigkeit durch materielle Statussymbole gewinnen mit der „taste-leadership" und damit mit der sog. „musischen Bildung" soziale Schichtungsmerkmale mehr und mehr an Bedeutung, die, obgleich sie als solche von der Mehrzahl der Bevölkerung anerkannt werden, nicht so leicht „kopierbar" und daher auch in ihrer sozialen Trennfunktion wesentlich „exclusiverer" Natur sind.

Hilfsarbeiterfreizeit:

Der Aktivität Schlager- und Tanzmusik Hören kommt eine sehr hohe, ja von allen übrigen Freizeitaktivitäten die höchste Priorität überhaupt zu. Das Bücher- oder Zeitungen Lesen liegt bei nahe Null. Im Bereich der Outdoor-Freizeitverbringung weicht die Häufigkeit von Spazierengehen, Wandern nicht nennenswert von der in anderen Clustern ab. Eine größtenteils desinteressierte Haltung zeichnet sich auch für den Bereich der sportlichen Betätigungen (Fußball, Handball, Schwimmen, Tischtennis, Wassersport, sonstige Sportarten) ab. Was den Bereich der praktisch-nützlichen Freizeitbetätigungen anbelangt, so läßt sich hier bei der Freizeitaktivität Reparieren, Basteln angesichts des nahe Null liegenden Mittelwerts und der sehr hohen Standardabweichung nichts Definitives sagen, während bei Befassung mit beruflichen Dingen und Gartenarbeit ein ziemliches Desinteresse zu verzeichnen ist. Im Amüsementbereich fällt der Mittelwert bei der Freizeitaktivität Ins Kino Gehen zwar immer noch schwach aus, erweist sich aber verglichen mit anderen Clustern doch als relativ hoch. Dies gilt auch für die Aktivitäten Ausgehen, Kneipe Aufsuchen und in geringerem Maß, Tanzen Gehen. Daß der dieses Cluster bildende Personenkreis auf dem Gebiet der „kulturellen" Freizeitverbringung (Theaterbesuch und Konzertbesuch) nicht gerade aktiv ist, liegt eigentlich auf der Hand. Cluboder Vereinsmitgliedschaft wurde von keiner Person dieses Clusters genannt. Der bei den Freizeitaktivitäten in diesem Cluster zutage tretende Trendverlauf läßt kaum auf so etwas wie eine „autonome" Verhaltensstruktur schließen, denn alle ein gewisses Maß an produktiver Selbsteinbringung voraussetzenden Freizeitaktivitäten sind hier entweder negativ oder nicht definierbar besetzt, sondern muß wahrscheinlich viel mehr vor dem Hintergrund der Berufs-und Erwerbsarbeitssituation dieser Personengruppe gesehen werden. Dieser Hintergrund bedingt im hohen Maße ein Bedürfnis nach Kompensation, d.h. nach einer direkten, noch mehr aber indirekten Flucht aus der als ziemlich deprimierend erfahrenen Arbeitswelt.

4.3.3 Uttitz: Stabilität von Freizeitstilen über 30 Jahre

Uttitz (1985, 1986) hat in Form eines Längsschnittvergleichs von Ergebnissen der Freizeitforschung die Stabilität von 3 bedeutsamen Freizeitstilen der westdeutschen Bevölkerung und ihrer Abhängigkeit von sozioökonomischen Merkmalen über drei Jahrzehnte untersucht. Seine Materialbasis waren Umfragedaten über die subjektiven Häufigkeiten der Ausübung verschiedener Freizeittätigkeiten, deren gemeinsames Auftreten mittels Faktorenanalyse ihrer Korrelationen analysiert wurde. Die Muster dieser Gemeinsamkeiten scheinen sich in der Tat über den langen Zeitraum kaum verändert zu haben, was für eine erhebliche Stabilität unserer Soziokultur der Freizeit spricht. Die 3 Stile bzw. Verhaltenstypen lauten: „innenorientierte Familienfreizeit", „aktive, sportliche Freizeit" und „kulturelle bzw. Bildungsfreizeit", wobei die letztere Tätigkeiten wie Theater-, Konzert-, Museumsbesuch, Lesen oder Weiterbildung zusammenfaßt. Interessant ist nun, daß die Bildung keine entscheidende Determinante der Zugehörigkeit zu denrbeiden ersten Typen ist, anders liegt jedoch der Fall der kulturellen bzw. Bildungs- Freizeit: „Für die kulturelle Freizeit hat sich die Bedeutung der Status-Variablen im untersuchten Zeitraum nicht verändert. Hinzu kam noch in der letzten Studie die differentielle Wirkung des Geschlechts, wogegen die Determinationskraft von Alter und Lebenszyklus eher abgenommen hat. Diese Entwicklung deutet an, daß die Bildungsexpansion der letzten Jahrzehnte einer breiteren, alters- und lebenszyklusunabhängigen Gruppe den Zugang zu diesem Freizeitstil ermöglichte, gleichzeitig aber die Bildungskomponente hier für die Teilnahme von entscheidender Bedeutung geblieben ist" (Uttitz 1986: 172).

4.3.4 Wachsende Bedeutung von geistiger Aktivität in der Freizeit der Zukunft

Martin, Middeke und Romeiß-Stracke (1983: 17 – 25) haben aufgrund verschiedener Daten der Freizeitforschung 10 Verhaltensmuster der Freizeit typisiert und ihre Zukunftsbedeutung abgeschätzt. Darunter ist auch das im folgenden zitierte Muster, das ganz offensichtlich eine überdurchschnittliche Ausstattung mit kulturellen Ressourcen voraussetzt:

Geistiges und politisches Interesse, Diskussion, Bildung:
Dieses Verhaltensmuster ist gekennzeichnet durch Freizeitaktivitäten wie Bücher lesen, Vorträge hören, Diskutieren, Besuch kultureller und politischer Veranstaltungen, die allgemein als wichtig angesehen werden. Tatsächlich widmet sich ihnen jedoch nur ein sehr kleiner Teil der Bevölkerung, wobei junge Menschen und Angehörige der Oberschichten überrepräsentiert sind. Das liegt entweder an unzureichenden, nicht nutzerfreundlichen Angeboten oder an der traditionellen Ausrichtung kultureller Programme auf die gehobenen sozialen Schichten. Die Zugangsschwellen sind häufig sehr hoch; freizeitpädagogische Bemühungen können diese Schwellen nur zum Teil abbauen.

Das politische und kulturelle Interesse der Bevölkerung nimmt als Folge besserer Bildung aber stetig zu. Gezielte Informationsbeschaffung und -vermittlung sowie Beteiligung an Diskussionen sind bei der jüngeren Generation als Verhaltensweisen eingeübt. Deshalb ist mit einem starken Anstieg der Bereitschaft zu rechnen, sich mit kulturellen oder politischen Themen zu beschäftigen.
Daher:
Geringe Bedeutung, stark steigende Tendenz.

4.3.5 Kulturelle Ressourcen als Voraussetzung ästhetischen Spiels

Bourdieu hat in seinem Werk mehrfach gezeigt, in welcher Weise gehobene Ausstattung mit kulturellem Kapital die vielleicht wichtigste Voraussetzung für die Aneignung kollektiver ästhetischer Standards, ihre individuelle Entfaltung und Variation sowie ihre alltagspraktische Anwendung ist. Leider fehlt es weitgehend an detaillierteren Forschungen zur sozialen Bedeutung der Alltagsästhetik im Konsumverhalten und in der Ausstattung privater Haushalte. In bezug auf die Wohnzimmereinrichtung konnte in einigen Studien gezeigt werden, daß sich deren Gegenstände entlang der Statusachse, die die kulturellen Ressourcen einschließt, erwartungsgemäß nach der Skala einfach – aufwendig differenzieren lassen, während ihre Lage in der Dimension Modernität – Traditionalismus eher den Unterschieden des Alters folgt (z.B. Pappi & Pappi 1978).

In einer vergleichbaren italienischen Untersuchung fanden Amaturo, Costagliola & Ragone (1987) durch Kombination der Dimensionen Qualitätr(Reichtum), Funktionalität und Symmetrie (Grad des Zueinanderpassens) der Ausstattungsgegenstände folgende fünf Stile:

(a) **Asymmetrie des Arrangements, am wenigsten konventionell, sehr ausgeprägter persönlicher Stil** (Personen mit hoher Bildung, hohem Berufsprestige, hohem Einkommen);

(b) **ähnlich (1) mit geringerem materiellen Wert der Objekte und funktionalerer Gestalt; Überfluß an Büchern, Postern, Zeitschriften** (jüngere Intelligenz mit niedrigem Einkommen);

(c) **reichste Ausstattung von Opulenz und Überfluß mit mittlerer Symmetrie und ritueller Nutzung** (Personen mit höchstem Einkommen und Prestige, aber mittlerer Bildung),

(d) **„ärmere Kopie" von (c): Imitationen statt Antiquitäten; Symmetrie, Ritualismus, Ordnung und Formalismus** (Kleinbürger, Handwerker und Kleinhändler mit mittlerer oder niedriger Bildung);

(e) **geringer materieller Wert (mit Ausnahme der Stereoanlage), rituelle Verwendung** (alte Menschen, niedriger Status, auf allen Ebenen).

Interessant und teilweise in Richtung der Hypothesen von Bourdieu gehend sind die Befunde der Forscher bezüglich der Zusammenhänge zwischen Statusinkonsistenz und Ausstattungsstil: Inkonsistenz zugunsten des Einkommens (ökonomisches Kapital höher als das kulturelle) ist mit Opulenz und Überfluß (Repräsentativität und demonstrativem Konsum), Inkonsistenz zulasten des Einkommens (kulturelles Kapital höher als das ökonomische) dagegen eher mit Funktionalität der Möbel verbunden.

Diese Typologie läßt in vorsichtiger Verallgemeinerung deutlich werden, daß mit den kulturellen Ressourcen Neigung und Fähigkeit der Menschen steigt, asymmetrische Muster in ihre Wohnungsausstattung einzubauen, d.h. mit der Komposition verschiedenartiger Stilelemente bewußt ästhetisch zu spielen bzw. eine entsprechend hohe Variationsbreite des Geschmacks zu manifestieren.

4.3.6 Lüdtke: Bildung und komplexe Lebensstile

In meiner bereits erwähnten empirischen Pilotstudie an 100 Befragten konnte ich mittels Clusteranalyse von 31 Faktorwerten, denen über 90 empirische Indikatoren (Angaben der Befragten und Beobachtungen im Wohnbereich) zugrundelagen, 12 Lebensstile klassifizieren (Lüdtke 1989, Kap. 5). Sie waren definiert durch konkrete Aktivitäten und damit verbundene symbolisch-materielle Ausstattungen, vor allem in den Bereichen Wohnung, Freizeit und Hobbies, Kleidung und Äußeres, Speisegewohnheiten, Umgang mit Medien und kulturelle Teilnahme. Zur vollständigen Lebensstilanalyse gehört aber auch die Erklärung der Stildifferenzierung durch strukturelle, ökonomische wie qualifikationsbezogene Ressourcen und Zwänge ebenso wie das Verständnis der zugrundeliegenden Motivationen und Präferenzen, aber auch die Ableitung von Mentalitätsmustern. Dazu gehören Lebensperspektiven und biographische Retrospektiven, persönliche Ziele, Orientierung an Arbeitsund Freizeitwerten, Kriterien des persönlichen Lebensstils, soziale Affinitäten (bevorzugte Eigenschaften von Freunden und Bekannten) und Lebenszufriedenheit in bezug auf verschiedene Bereiche. Das sich aus diesen kognitiv-mentalen Indikatoren jeweils ergebende individuelle Muster läßt sich als Wahrnehmung, persönliche Formel, Rationalisierung bzw. kognitiver Reflex des eigenen Lebensstils betrachten und steht in enger Wechselwirkung mit dem jeweiligen Performanzmuster.

Im folgenden werden 5 der insgesamt 12 Lebensstile vollständig dokumentiert, die mit einer überdurchschnittlichen (2 Stile) bzw. unterdurchschnittlichen Schulbildung (3 Stile) verbunden sind.

STIL 3 (N=9):

Performanzmuster ausführlich:
Diese Haushalte verfügen über eine sehr breite Ausstattung mit Sportobjekten (+++), aber auch über relativ viele Objekte der elektronischen Unterhaltung (++).Sie haben eine Präferenz für eine „funktionale" (++) und „phantasievolle" Wohnungsausstattung; im Wohnzimmer finden sich viele Bücher, Vitrine, Lehnstuhl (+++), Bar, keine Muster an den Wänden. Der Freizeitaufwand ist hoch für Baden und Schwimmen (++), Theater- und Konzertbesuch (++), aber gering für die Rezeption von Sportinformationen; als Aktivsport sind Schwimmen (++) sowie Gymnastik, Tanz u.ä. (++) häufig; die Teilnahme am Kulturbetrieb ist häufig, wie der Veranstaltungsindex (++) und die Zahl der besuchten Veranstaltungen zeigen; Lesen und kulturelle Rezeption dominieren als Hobby; im letzten Jahr wurde an vielen Tagen gereist. Liberale oder linksorientierte Magazine und Zeitungen werden bevorzugt; die Buchlektüre schließt eher verschiedene Genres ein; die Hörpräferenzen richten sich auf Jazzmusik, aber auch klassische bzw. ältere Konzertmusik. Bezüglich der Küchenpräferenzen äußert man sich eher indifferent (egal/improvisiert/kommt darauf an), bevorzugt aber auch fleischarme oder biologisch-dynamische Kost. Es herrscht die Präferenz für sportliche Kleidung vor.

Interpretation als Zusammenhang von sozialem Kontext und Performanz:
Ein Lebensstil wirtschaftlich sehr erfolgreicher größerer Familienhaushalte mit höherem Bildungs- und Statusniveau. Charakteristisch ist ein breites Performanzspektrum mit den hervorstechenden Eigenschaften: differenzierte Teilnahme an Kulturbetrieb und -rezeption mit entsprechend starker häuslicher

und außerhäuslicher Aktivität in Verbindung mit sehr verschiedenen Medien und Angeboten, starke Aktivität im Bereich Sport und Spiel ohne ausgeprägte Fitneß-Komponente. Deutlich ist die Tendenz zu dominanter Öffentlichkeitsorientierung und Modernismus (indiziert durch: Vorliebe u.a. für Jazzmusik, liberale Zeitungen und Magazine, fleischarme oder biologisch-dynamische Küche). Die Küchen- und Kleidungspräferenzen sind eher unprätentiös. Die deutliche Statusinkonsistenz zwischen ökonomischem und kulturellem Kapital ist offensichtlich nicht mit „besitzbürgerlicher" Repräsentativität verbunden, sondern eher mit einer Art „Kulturaktivismus".

Mentalitätsmuster:
Die Mitglieder dieses Clusters definieren ihren Lebensstil durch Bildung sowie Umgang mit Kunst und Kultur im Gegensatz zu Bekanntenkreis (++). Sie bevorzugen kluge, feinsinnige Freunde und Bekannte, die dagegen nicht speziell kultiviert sein müssen. Bei unspezifischer Arbeitsorientierung betonen sie Erziehungsziele in Richtung auf individuelle Autonomie.

Dieser Lebensstil ließe sich als breites Performanzspektrum mit „Kulturaktivismus", Öffentlichkeitszentrierung und modernistisch-liberalen Tendenzen von wirtschaftlich sehr erfolgreichen größeren Familienhaushalten mit mittlerem Bildungs- und Statusniveau chrakterisieren. Diese objektive Beschreibung wird durch die subjektive bestätigt und teilweise ergänzt, vor allem im Hinblick auf die Kriterien Bildung, Kunst, Kultur sowie die Erziehung zu individueller Autonomie, während die Klassifikation der bevorzugten Freunde das Interesse an gepflegter und anspruchsvoller Geselligkeit in der Öffentlichkeit (vor allem im Zusammenhang mit Theater-, Konzertbesuch- und spielerischem Aktivsport) noch hervorhebt.

STIL 12 (N=7):

Performanzmuster ausführlich:
Diese Haushalte sind mit relativ vielen Geräten der elektronischen Unterhaltung ausgestattet. Typische Wohnzimmermerkmale sind: abstrakte Bilder (+++), viele Bücher (++), Parkett, Perser- bzw. Orientteppiche, kein Muster an den Wänden und moderne Lampen. Überdurchschnittlich häufige Freizeitaktivitäten sind: Geselligkeit (+++), sich Weiterbilden/beruflich fortbilden (++), Lokalbesuch; selten sind dagegen: Handarbeiten sowie Basteln, Handwerken, Reparieren; man besucht relativ zahlreiche kulturelle Veranstaltungen. Die Zahl der gelesenen Zeitungen und Magazine ist hoch (+++); genannt wurden solche mit liberaler bzw. „linker" Tendenz und Hobbyzeitschriften (++); ebenso verschiedene Buchgenres und Musikpräferenzen, darunter häufig Jazz (++).

Die Mahlzeiten werden meist zuhause eingenommen. Bevorzugt wird „bequeme" Kleidung; die Aktivität für Fitness und Linie ist recht gering (--).

Interpretation als Zusammenhang von sozialem Kontext und Performanz:
Lebensstil saturierter männlicher Akademiker mit hohem Niveau in der Bildungs- und Statusdimension, aber durchschnittlicher Ausstattung mit den sonstigen Arten des ökonomischen und sozialen Kapitals. Das Freizeitverhalten seiner Anhänger ist sehr stark auf öffentliche Geselligkeit, geistige und Bildungsaktivitäten bzw. Kulturkonsum gerichtet, wobei eher ein Gleichgewicht zwischen ästhetischem Aristokratismus und Sinn für Luxus und Unterhaltung sowie zwischen bewußter Stilisierung und Spontaneität besteht. Es herrschen modernistische (vielleicht auch avantgardistische) und liberale Grundhaltungen vor, die allerdings durch die deutliche Dominanz des Mannes bei Haushaltsentscheidungen teilweise relativiert wird.

Mentalitätsmuster:
Auch diese Gruppe betont Reisen im Gegensatz zu Familienleben als zentrales Lebensstilkriterium. An den Freunden und Bekannten werden die Eigenschaften genießerisch (+++) und feinsinnig geschätzt (unwichtig ist dagegen anschlußfreudig). Konventionelle Erziehungsziele werden betont als unwichtig beurteilt. Auffällig an den biographischen Reflexionen sind zwei Komplexe: a) eine negativ bewertete persönliche Entwicklung in der Retrospektive, verbunden mit diversen Zukunftswünschen in bezug auf wirtschaftliche Lage, Wohnung/Möbel/Haus, Wohnort sowie Freizeit und Reisen (++); b) eine positive Retrospektive bezüglich der Entwicklung eigener Freiheits- und Zeitspielräume bzw. Unabhängigkeit. Beide Entwicklungen bedeuten im Einzelfall typischerweise: man ist angepaßter, weniger spontan und flexibel geworden und bedauert dies, zugleich sind die persönlichen Freiheitsspielräume gewachsen, z.B. durch eine bewältigte Scheidung.

Auch diese Mentalität scheint gut zum Lebensstil zu „passen": Reiselust als Lebensthema, Präferenz für genießerische und feinsinnige Freunde, keine charakteristische Arbeits-bzw. Freizeitorientierung, eher ein Gleichgewicht zwischen verschiedenen Erziehungszielen mit Ablehnung rein konventioneller – als Reflex des Lebensstils saturierter männlicher Akademiker mit einer Balance zwischen ästhetischem Aristokratismus und bewußter Stilisierung, mit modernistisch-liberalen Grundhaltungen. Aussagen und Wertungen in der Retrospektive und Perspektive können vermutlich als biographietypisch für diese Gruppe mit langen Ausbildungszeiten in intellektuell anspruchsvollen Kontexten gelten, die relativ spannungs- und konfliktreich, oft auch im Sinne eines persönlichenrEmanzipationsprozesses verlaufen; dementsprechend liegen auch ausgeprägte Aspirationen und Wünsche in Richtung auf weitere materielle Ausstattung, Komfort und Mobilität vor – die „Saturierung" ist noch keineswegs abgeschlossen.

STIL 1 (N=9):

Performanzmuster ausführlich:

Diese Haushalte bevorzugen eine „saubere und ordentliche" und „warme" Wohnungsausstattung; die Wohnzimmer enthalten geraffte Vorhänge (+++), Zinngeschirr (++), Familienfotos an den Wänden (++) und Kerzenleuchter, sie wirken sehr aufgeräumt (++), Orientteppiche bzw. -brücken kommen vor, und der Eingangsbereich wirkt „ordentlich" (++). Im Freizeitverhalten fallen auf: eine geringe Häufigkeit von Bildung und Fortbildung sowie Beschäftigung mit beruflichen Dingen, häufige Handarbeit, Nähen u.ä. (++); selten sind Baden und Schwimmen (---) und Theaterbesuch; im letzten Jahr wurde, wenn überhaupt, nur für wenige Tage verreist; als Hobby werden Handarbeiten, Do-it-yourself u.ä. bevorzugt; die Teilnahme am Kulturbetrieb ist gering, gemessen am Index (--) wie an der Zahl der besuchten Veranstaltungen. Geäußert wurden Präferenzen für unterhaltende Magazine und Zeitschriften (++) sowie für volkstümliche Musik (+++). Die Mahlzeiten werden zuhause eingenommen; es scheint relativ „egal" zu sein, was die Küche bietet; man bevorzugt aber „reichhaltige und gute" Speisen mit Gästen (++).

Interpretation als Zusammenhang von sozialem Kontext und Performanz:

Ein kleinbürgerlich-saturierter Lebensstil mit weiblicher Komponente, typisch für Hausfrauen, z.T. auch Rentnerinnen. Er ist eindeutig heimzentriert, was sich auch am Charakter der wohnungsbezogenen Investitionen zeigt. Bei mittlerem Niveau der individuellen und haushaltsbezogenen ökonomischen Ressourcen ist das Sozialprestige (Bildung und Status) vergleichsweise sehr niedrig. Im Wohnverhalten und in der Speisepräferenz mit Gästen zeigt sich ein Bemühen um konventionelle, eher auf Demonstration gerichtete Repräsentativität.

Mentalitätsmuster.

Für diese Gruppe ist das Familienleben als Kriterium des persönlichen Lebensstils charakteristisch. Hervorstechende wichtige Eigenschaften der Freunde und Bekannten fehlen. In der Arbeitsorientierung dominieren die Motive Arbeitsplatzsicherheit (++) sowie Einkommen und Aufstiegsmöglichkeiten (++). Unter den Erziehungszielen werden die konventionellen Ziele (++) deutlich bevorzugt.

STIL 6 (N=7)

Performanzmuster ausführlich:
Im Feld des Wohnens fallen hier Schondecken im Wohnzimmer (++) und ein „wohnlicher" Eingangsbereich auf. Das Freizeitverhalten ist gekennzeichnet durch: häufiges Tanzen und Fotografieren, relativ seltene Lokalbesuche, sehr seltenen Theater- (--) und Konzertbesuch (--); entsprechend gering ist die Teilnahme am Kulturbetrieb: Veranstaltungsindex (--) und Zahl der besuchten kulturellen Veranstaltungen (--). Die Buchlektüre beschränkt sich auf ein oder sehr wenige Genres. Gästen setzt man „einfache, aber hübsch angerichtete" Speisen vor. Man kleidet sich eher praktisch, bevorzugt aber bei besonderen Anlässen „feine und edle Kleidung", die Fitness-Aktivitätrist gering.

Interpretation als Zusammenhang von sozialem Kontext und Performanz:
Ein kleinbürgerlicher, stark heimzentrierter Lebensstil mit unterdurchschnittlicher Teilnahme am Kulturbetrieb. Hervorstechende Merkmale sind Häufigkeit des Tanzens und Fotografierens sowie die Vorliebe für praktische Kleidung, aber „Gala" bei besonderen Anlässen.

Mentalitätsmuster:
Diese Gruppe definiert ihren Lebensstil vor allem durch Geselligkeit, Ausgehen und Feiern vs. Arbeit und Beruf. Einkommen und Aufstiegsmöglichkeiten sind die hervorstechenden Motive in der Arbeitsorientierung. Retrospektivisch wird eine positive Entwicklung der persönlichen Freiheits- und Zeitspielräume oder Unabhängigkeit betont, vor allem indiziert durch die Integration in Arbeit und Beruf.

Typisch für diesen kleinbürgerlich-privatistischen Lebensstil scheint die Kombination von häufigem Tanzen und „Gala" bei besonderen Anlässen mit dem subjektiven Kriterium Geselligkeit, Ausgehen und Feiern. Die mittlere bis niedrige Position dieser Personen auf den Skalen des Status und des ökonomischen Kapitals korrespondiert, im Sinne der Stilklassifikation von Bourdieu, mit den dominanten Motiven Einkommen und Aufstiegsmöglichkeiten in der Arbeitsorientierung, worin sich offenbar ein stiltypisches Aspirationsstreben widerspiegelt.

STIL 8 (N=5):

Performanzmuster ausführlich:
Diese Haushalte sind mit einer überdurchschnittlichen Zahl an Kunst- und Hobbyobjekten (++), Objekten der elektronischen Unterhaltung (++) und Gegenständen für sportliche Zwecke ausgestattet. Bevorzugt wird eine Woh-

nungsausstattung mit den Prädikaten: „funktional" (++), „phantasievoll" (++), „harmonisch" sowie „sauber und ordentlich"; die Wohnzimmer wirken sehr aufgeräumt und verfügen häufiger über eine Schrankwand. Auffällig am Freizeitverhalten sind lange Fernsehzeiten, häufiges Basteln u.ä. (++), Handarbeit, Beschäftigung mit der Familie sowie Zuschauen bei Sportveranstaltungen (++); die Buchlektüre ist relativ selten, dafür wird überdurchschnittlich häufig fotografiert, und man gibt mehrere Hobbies an. Unter den gelesenen Zeitungen und Zeitschriften sind solche mit konservativer Tendenz, es dominieren stark unterhaltende (+++) und hobbyorientierte Zeitschriften (++); Buchpräferenzen sind kaum oder nicht entwickelt (--), volkstümliche Musik wird bevorzugt (++). In der Regel werden die Mahlzeiten zuhause eingenommen; Gästen setzt man vornehmlich „reichhaltige und gute" (++) sowie „feine und erlesene" Speisen vor (++). Die Kleidungspräferenzen sind „sportlich" und „elegant" (++), bei besonderen Anlässen „feine und edle Kleidung" (++); für die Körperpflege wird relativ viel Zeit aufgewendet.

Interpretation als Zusammenhang von sozialem Kontext und Performanz:
Ein privatistisch-konventioneller, zugleich auf Repräsentativität und Genuß gerichteter Lebensstil von Haushalten mit schulpflichtigen Kindern, in denen die deutliche Statusinkonsistenz zulasten von Bildung offenbar durch demonstrativen Konsum und Ausstattung kompensiert wird, obwohl eher ein kleinbürgerlich-mittelschichtspezifisches Muster im Bereich Freizeit, Lektüre, Musik und kein ausgeprägtes „Besitzbürgertum" indiziert ist. Einereher konservative Grundeinstellung dieser Personen ist zu vermuten.

Mentalitätsmuster:
Dominante Kriterien des persönlichen Lebensstils sind hier Ernährungsgewohnheiten sowie Freizeitinteressen und Hobbies (++), also konsumtive Muster. Affinität wurde zu wohlerzogenen und gewissenhaften (+++) im Gegensatz zu genießerischen und künstlerischen Freunden und Bekannten geäußert. Deutlich wird die Dominanz der Arbeit (++) in der Arbeitsorientierung. Von den Erziehungszielen wurde Verständnis für andere als ganz unwichtig (---) beurteilt; deutlich positive Entscheidungen fehlen hier; die für konventionelle Ziele besteht nur mit schwacher Tendenz (.40 Standardabweichung).

In diesem privatistisch-konventionellen Lebensstil von zulasten der Bildung statusinkonsistenten Haushalten mit schulpflichtigen Kindern besteht eine Neigung zum demonstrativen Konsum. Dieses Performanzmuster wird durch die subjektive Stildefinition voll bestätigt. Auch die Art der Wahlverwandtschaft, die Dominanz der Arbeit und die Erziehungsziele „passen" zu, Performancemuster: ein konventionell-konservativer Stil geordneter, vielleicht z.T. pedantischer Vielfalt der Ausstattung und Aktivitäten; Freizeit und Konsum scheinen hier eher durch Aspirationsanstrengungen als durch Spiel und Hedonismus geprägt.

Von den sieben Lebensstilgruppierungen, die Gluchowski identifizieren konnte (vgl. Abschnitt 3.2), lassen aufgrund der jeweils überdurchschnittlichen Häufigkeit der Ausübung drei einen deutlichen Zusammenhang zwischen Bildung und Freizeitaktivitäten erkennen (Gluchowski 1988: 109, 120):

Häuslicher familienzentrierter Mensch (69 % Volksschule):
Spazieren gehen 71 %, In die Kirche gehen 37 %, Für die Familie da sein 76 %,
Intrinsisch motivierter Jüngerer (50 % Abitur/Studium):
Freunde besuchen 83 %, Lesen 88 %, Sport treiben 50 %, Aktiv im Verein 20 %, Theater besuchen 49 %, Ins Kino gehen 61 %, Sich weiterbilden 37 %, Tanzen Diskothek 23 %, Mitarbeit in Partei, Gewerkschaft 16 %;
Zurückgezogener älterer Mensch (92 % Volksschule): Radio hören, Fernsehen 90 %, In die Kirche gehen 37 %, Gemütlich zu Hause 87 %.

4.4 Kulturelle Ressourcen und kulturelle Aktivität

Im Abschnitt 4.2 wurde dem Einfluß der formalen Bildung auf verschiedene Freizeittätigkeiten nachgegangen. Hier nun soll eine weitere Verallgemeinerung dieser Analyse aufgrund der Daten meiner Lebensstilstudie vorgenommen werden. Für diesen Zweck habe ich die Konstruktvariable „kulturelle Ressourcen" mittels Regressionsanalyse in Beziehung zur kulturellen „Aktivität" und zu einigen Mentalitätsvariablen des Lebensstils gesetzt. Die Ergebnisse lassen sich in dem Kausalmodell der Abbildung 3 zusammenstellen, wobei das Kriterium der „empirischen Bewährung" dieses Modells darin besteht, daß sich die beobachteten Korrelationen zwischen den operationalen Variablen befriedigend durch die Pfad- bzw. Regressionskoeffizienten, ohne weitere „Kausalannahmen", reproduzieren lassen (vgl. Duncan 1976).

Die „kulturelle Aktivität" stellt dabei eine Konstruktvariable dar, gewonnen in einer 1-Faktor-Analyse (27 % Varianzaufklärung); sie bildet die Gemeinsamkeiten des Verhaltens der Befragten bezüglich der folgenden Variablen mit hohen Ladungen ab (Tabelle 2; vgl. auch Abschnitt 4.2).

Die übrigen im Modell „erklärten" Variablen haben folgende Bedeutung: zwei Kriterien des eigenen Lebensstils = Angaben der Befragten zu den dreirwichtigsten Kennzeichen der eigenen Lebensweise auf einer Liste mit mehr als 30 Vorgaben; mindestens eine positiv wertende Angabe der Befragten auf eine Aufforderung zur Beurteilung des persönlichen Verlaufs der letzten 10 Jahre.

Die Daten der Abbildung 3 belegen bei unserer kleinen, aber durchaus einen breiten Ausschnitt der Sozialstruktur repräsentierenden Stichprobe (vgl. Anhang B) eine starke Abhängigkeit der kulturellen Aktivität von den kulturellen Ressourcen, die in technischer Sprache so zu lesen ist: wenn die kulturellen Ressourcen der 98 Befragten um 1 Standardabweichung steigen, dann erhöht sich die kulturelle Aktivität um 0,71 Standardabweichung; d. h. deren Varianz läßt sich knapp zur Hälfte auf die kulturellen Ressourcen zurückfuhren ($0{,}71^2$). Die vorliegenden, aber viel niedrigeren Korrelationen zwischen den anderen Ressourcenarten und der kulturellen Aktivität lassen sich ausschließlich als indirekte Einflüsse interpretieren, d. h. sie entstehen durch ihre Interkorrelation mit dem kulturellen Kapital und nicht durch direkte Abhängigkeit der kulturellen Aktivität von ihnen.

Tab. 2: Indikatoren der kulturellen Aktivität (mit Faktorladungen)

Teilnahme an kulturellen Veranstaltungen (Index)	.84
Theaterbesuch im letzten Jahr	.65
Mehrere gelesene Buchgenres	.65
Anzahl der besuchten Veranstaltungen in den letzten 3 Monaten	.64
Konzertbesuch im letzten Jahr	.58
Anzahl der genannten Musikpräferenzen	.54
Präferenz für Jazz, Blues	.53
Präferenz für ältere, klassische, romantische Musik	.45
„Anspruchsvolle" Buchlektüre in den letzten 14 Tagen	.44
Kulturelle Rezeption (Kulturprodukte, Sendungen, lesen, hören oder sehen) als Hobby	.40
Fort- und Weiterbildungsaktivitäten in der Freizeit (in den letzten 14 Tagen)	.33
Anzahl der gelesenen Zeitungen und Magazine	.28
Präferenz für Popmusik	.27
Künstlerische Hobbies (in den letzten 14 Tagen)	.22
Präferenz für „volkstümliche" Musik (z. B. Operette, Blasmusik)	–.51

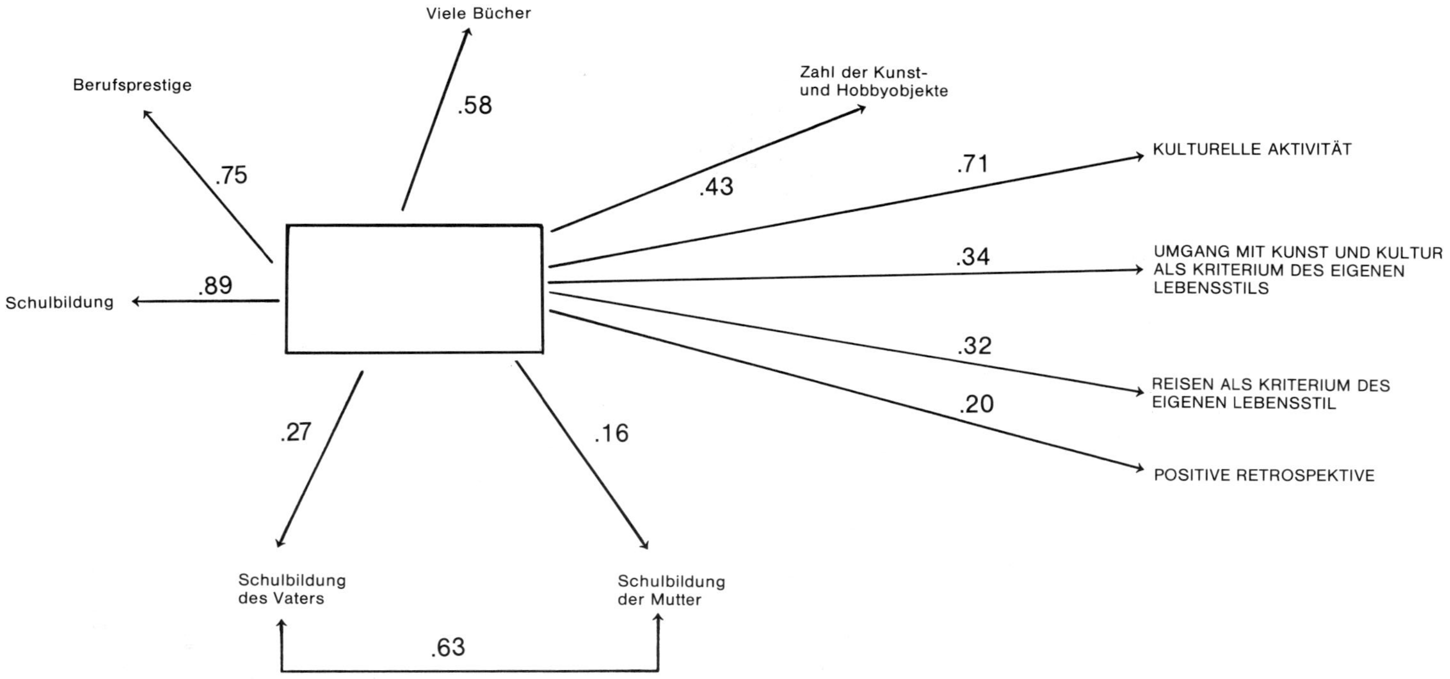

Abb. 3: Herkunft und Effekte der kulturellen Ressourcen (N =98)

Die kulturellen Ressourcen bestätigen sich also empirisch als zentrale oder bedeutsame Bedingung des Zugangs zu bzw. der Nutzung von „gehobenen" Angeboten des organisierten Kulturbetriebs, der audiovisuellen und Print-Medien sowie der Entfaltung und Verfolgung breiter musikalischer, literarischer und künstlerischer oder kunsthandwerklicher Freizeitpräferenzen. Die durch solche Ressourcen erschlossenen Freizeiterfahrungen legen dann auch dazu „passende" persönliche Lebensstildefinitionen nahe, wie sie in den Kriterien „Kunst und Kultur" sowie „Reisen" zum Ausdruck kommen, während zugleich mit zunehmendem Kulturkapital die Selbstdefinition durch „Familienleben" ($r = -.35$), „Geld und Besitz" ($r = -.24$) und „Wohnungseinrichtung" ($r = -.24$) seltener wird. Schließlich scheint nach dem schwächsten Kausaleffekt eine hohe Ausstattung mit kulturellen Ressourcen auch eine Lebensqualität oder eine Strategie der persönlichen Lebensführung so zu fördern, daß die biographische Retrospektive eher positiv als negativ bewertet werden kann. Damit liegt ein, wenngleich schwacher, empirischer Hinweis auf die Angemessenheit des im Kausalmodell der Abbildung 2 behaupteten Zusammenhangs zwischen kulturellen Ressourcen einerseits, der individuellen Lebensqualität und des gesellschaftlichen Erfolgs andererseits vor.

4.5 Die Erklärungskraft der kulturellen Ressourcen

Wenn kulturelle Ressourcen, wie gezeigt, eine bedeutsame Determinante des Freizeitverhaltens und der Lebensstildifferenzierung sind, dann muß es möglich sein, ihr Gewicht im Verhältnis zu anderen Determinanten einigermaßen präzise zu schätzen. Eine solche Schätzung, etwa nach dem Modell partieller Regressionskoeffizienten, die den Einfluß bestimmter Bedingungsvariablen auf die Varianz der Zielvariablen unter „Konstanthalten" der Einflüsse aller anderen in der Analyse berücksichtigten Bedingungen messen, stellt sich jedoch methodisch als schwierig und theoretisch als nicht unproblematisch dar. Zunächst sind die verschiedenen Ressourcenarten in ihrer Allokation teilweise konfundiert: das Individuum erwirbt jede Ressource nicht völlig unabhängig von der Art der Allokation der jeweils anderen Ressourcen (vgl. 3.l). Dies erklärt auch größtenteils die Interkorrelation der Ressourcen-Indikatoren (vgl. 4.l), die dazu führt, daß man mit dem statistischen Einfluß einer bestimmten Ressourcenart immer auch einen bestimmten „Mixeffekt" ermittelt. Die statistische „Bereinigung" eines solchen Effekts ist aus theoretischen Gründen nicht unbedingt sinnvoll. Darüber hinaus sind folgende Vorüberlegungen angebracht, wenn wir Daten über die „Erklärungskraft" der kulturellen Ressourcen als Realität interpretieren wollen.

Wie ich anfangs zu zeigen versucht habe, stellen kulturelle Ressourcen als Gesamtkomplex, über die ein Individuum verfügt, für den Sozialwissenschaftler keine reale, direkt beobachtbare Größe dar, sondern ein Konstrukt, in dem verschiedene Beobachtungen, theoretische Dimensionen und latente Eigenschaften zu einem Ganzen gedacht werden. Bestimmte empirische Bestandteile dieses Komplexes, also „kulturelle Teilressourcen" bestimmter Art können im Sinne von Determinanten, Verstärkern, Selektionsfaktoren oder Moderatoren mit einzelnen Verhaltensweisen eng verknüpft sein. Korreliert man nun, wie dies in der vorliegenden Forschung durchgängig geschehen ist, Bildung mit Freizeitaktivitäten, so können, auch wenn die Idee der Ressourcenabhängigkeit dieses Verhaltens realistisch ist, eigentlich keine sehr engen Zusammenhänge erwartet werden. Dies läßt sich wie folgt näher begründen:

a) Man betrachtet Bildung, mit der Beschränkung auf die formale Schulbildung (einschließlich Hochschule), als Indikator des ganzen Komplexes. In ihm mischen sich daher in bezug auf die bestimmte Aktivität einzelne starke, schwache, neutrale und manchmal auch negative Teileffekte von Teilressourcen so daß die „Determinationskraft" der Bildung, wie sie sich technisch im Korrelationsmaß niederschlägt, höchstens mäßig sein kann.

b) Der Indikator Bildung, gemessen durch formale Abschlüsse oder Jahre des Schulbesuchs, repräsentiert direkt nur einen Außenaspekt der kulturellen Ressourcen, nämlich mehr oder minder den formalen Titel als Ausdruck institutionalisierter Zugangs- und Prestige-Ansprüche. Ein großer Teil der Freizeitaktivitäten kann bezüglich dieses Aspekts als indifferent gelten.

c) Die Meßfehler bei der Operationalisierung des Freizeitverhaltens sind erheblich und kaum genauer abschätzbar. Zwei Fehlerquellen sind dabei besonders bedeutsam: die Abgrenzung der Freizeitaktivitäten, die häufig recht abstrakt formuliert oder Sammelkategorien sind, was zu heterogenen Assoziationen auf seiten der Befragten führen kann; und die Operationalisierung der Intensität bzw. Häufigkeit einer Aktivität, wobei sich die Forscher in der Regel auf subjektive oder subjektiv verzerrte Angaben verlassen haben.

Versuche, spezifischere Komponenten des kulturellen Kapitals in Bezug zu spezifischen und valideren Verhaltensvariablen zu setzen, fuhren daher auch unter Umständen zu deutlicher ausgeprägten Zusammenhängen. So wurde z.B. das „Anregungspotential der musikalischen Frühsozialisation" vor dem 10.rLebensjahr bei Jugendlichen und jüngeren Erwachsenen durch eine Skala „MuSo" gemessen, in die das von den Befragten berichtete Vorkommen musikalischer Aktivitäten und Situationen eingegangen ist (Lüdtke & Neumann 1988). Diese spezielle kulturelle Ressource, die immerhin in relativ frühen Lebensjahren erworben wurde, korrelierte mäßig stark mit der Häufigkeit des Besuchs von Musikveranstaltungen im letzten Jahr, der äktiven Musikausübung (Stunden im letzten Monat) und dem geäußerten Interesse an ungewohnten, während der Befragung gehörten Musikbeispielen (Lüdtke 1986 b). Damit bestätigt sich bereits bei jungen Leuten der Befund (vgl. 4.4), daß kulturelle Ressourcen eine entscheidende Voraussetzung der „kulturellen Aktivität" sind, genauer: sie sind die bereits früh erworbenen Mittel zum Erwerb eines angemessenen Verständnisses für Symbole und Inhalte der „Kulturwelt", für die Überwindung von Schwellenängsten beim Eintritt in entsprechende Situationen, für den Erwerb relevanter Kenntnisse, Fähigkeiten und Geschmacksstandards. Spezielle Wahrnehmungs-, Wissens- und Fähigkeitsbestände der kulturellen Ressourcen fordern daher entsprechend spezielle kulturelle Aktivitäten und Einstellungen. Man kann daher annehmen, daß je spezieller eine kulturelle Ressource definiert ist, desto enger ihr Zusammenhang mit den entsprechenden „kulturellen" Aktivitäten und Einstellungen.

Daher überrascht auch nicht, daß bisher zwischen allgemeinen individuellen Fähigkeiten wie der mittels des IQ gemessenen Testintelligenz und spezifischen Freizeittätigkeiten nur schwache bis mäßige Korrelationen ermittelt wurden; darunter hatte diejenige zwischen IQ und Häufigkeit des Radiohörens immerhin einen Wert von r =.43. Dieser indiziert hier weniger einen Zusammenhang mit passiver Zerstreuung als einen solchen mit „geistiger Erholung", allgemein: einen solchen zwischen Testintelligenz und Handlungskompetenz bzw. Freizeitaktivität (Schmitz-scherzer 1974: 110 f., Wallner & Pohler-Funke 1978: 40 f.). Eingedenk der oben gemachten methodischen Einschränkungen erklären die kulturellen Ressourcen Unterschiede des gesamten Freizeitverhaltens zwischen Menschen in einem mäßig bis hohen Grad und Unterschiede der im engeren Sinn „kulturellen" Aktivitäten, d.h. vor allem: der Verteilung hochbewerteter kultureller Güter und der Teilnahme am offiziellen Kulturbetrieb, in einem hohen bis sehr hohen Grad.

Die differentiellen Wirkungen der kulturellen Ressourcen zeigen sich faktisch am sichtbarsten in ihrer Vermengung mit anderen Faktoren der wohl allgemeinsten Dimension gesellschaftlicher Ungleichheit, d.h. von sozialen Klassen- und Schichtunterschieden. So konnten Lalive d'Epinay u.a. (1980), die die Freizeitaktivitäten eines repräsentativen schweizerischen Querschnitts von 700 Erwachsenen untersuchten, mittels einer Faktorenanalyse von 50 Tätigkeiten nach objektiven Häufigkeiten deren gemeinsame Varianz zu 26 % durch „Sozialstruktur" (Bildung und Einkommen), zu 20 % durch das Geschlecht, zu 9 % durch den Unterschied zwischen Familien mit Kindern und anderen Befragten und zu 7 % durch den Unterschied zwischen Hausfrauen und Müttern einerseits und anderen erklären. Unter der auf diese Weise quantifizierten Varianzaufklärung von 62 % aufgrund der vier Faktoren rangiert die formale Bildung als Indikator der kulturellen Ressourcen mit ungefähr 15 %.

Zu einem der Tendenz nach ähnlichen, aber noch differenzierteren Ergebnis gelangte ich bei Diskriminanzanalysen der Lebensstilzugehörigkeit meiner 98 Befragten aufgrund verschiedener, allerdings in gebündelter Form verwendeter, Struktur- und Ressourcenvariablen. Bei diesem Verfahren werden simultan Linearkombinationen der Prädiktoren der Gruppenzugehörigkeit gebildet in der Weise, daß diese jeweils den maximalen Beitrag zur Gruppentrennung liefern. Eine Diskriminanzfunktion bestimmt denjenigen Faktor, in dem sich die Mittelwerte der Gruppen möglichst deutlich unterscheiden. Anhand der Abstände der Werte des Freizeitverhaltens bzw.rder Lebensstilindikatoren jedes Falls zum Gruppenschwerpunkt wird seine Wahrscheinlichkeit der Zugehörigkeit zur Gruppe bestimmt. Der Grad der Übereinstimmung zwischen dieser, aufgrund der Prädiktoren erwarteten, Klassifikation und der tatsächlichen Klassifikation der untersuchten Fälle nach Lebensstilen kann schließlich als „prädiktive Kraft" der unabhängigen Variablen insgesamt gelten. Tabelle 3 enthält die hier interessierenden Ergebnisse dieser Diskriminanzanalysen.

Tabelle 3: Strukturelle Prädiktoren der Lebensstilzugehörigkeit von 98 Befragten (Ergebnisse von Diskriminanzanalysen)

Prädiktoren	„Korrekt" Klassifizierte Fälle in %	„Determination": Eigenwerte/Anzahl der Variablen	Signifikanzniveau
Ökonomische und kulturelle Ressourcen	33.7	.45	.001
Soziale Ressourcen: Teilnahme am Berufssystem, öffentliche Rollen, private Kontakte	26.5	.22	.025
Elternrollen: Vorschulkinder oder Schulkinder oder Jugendliche im Haushalt	17.4	.19	.05
Haushaltsgröße und Arbeitsteilung zwischen den Partnern	23.5	.16	.10
Geschlecht und Alter	20.4	.21	.10

Wie man sieht, ist die Erklärungskraft der Ressourcenbündel bzw. Strukturmerkmale nicht besonders dramatisch, die Dominanz der ökonomischen und kulturellen Ressourcen aber deutlich zu erkennen. Es sei hier noch einmal betont, daß nicht die Vorhersagbarkeit einzelner Variablen bzw. Tätigkeiten geprüft wurde, sondern die Stilzugehörigkeit der Befragten, die empirisch ja aufgrund zahlreicher Variablen bestimmt worden war. Daß dann keine Mehrheit der befragten Personen aufgrund der neu eingeführten externen Prädiktoren „korrekt" klassifiziert werden können, liegt wohl auf der Hand.

Zur Abrundung dieser vergleichenden Analyse habe ich weitere Diskriminanzanalysen vorgenommen, deren Ergebnisse in Tabelle 4 enthalten sind:

Tabelle 4: Einzelprädiktoren der Lebensstilzugehörigkeit von 98 Befragten (Ergebnisse von Diskriminananalysen)

Prädiktoren	"Korrekt" klassifizierte Fälle in %	Eigenwerte	Kanonische Korrelation	Signifikanz niveau
Berufsstatus	18.1	.61	.62	.000
Schulbildung	14.3	.68	.64	.000
Öffentliche Rollen	17.4	.41	.54	.001
Haushaltsgröße	16.3	.35	.51	.004
Alter	20.4	.23	.45	.070
Vorschulkind(er) im Haushalt	13.3	.20	.41	.114
Private Kontakte	11.2	.17	.38	.226
Geschlecht	13.3	.16	.37	.270
Individuelle Geld- und Raumreserven	12.2	.12	.33	.475
9 Prädikatoren zusammen	41.5	2.73	.73	.000

Diesmal wurde die Prädiktorwirkung jeder einzelnen Variablen getrennt geprüft, und schließlich wurden alle 9 Prädiktoren simultan in einer Analyse berücksichtigt. Sie haben zwar einen beträchtlichen Gesamtvorhersagewert, der aber nur erlaubt, die Lebensstile von weniger als der Hälfte der Befragten „korrekt" zu prognostizieren. Die Schulbildung rangiert in der oberen Hälfte der einzelnen Prädiktorwirkungen, die allerdings nicht sehr deutlich divergieren, was das bisherige Bild nur bestätigt.

Soeben hat Schulze (1988) anhand einer Zufallsstichprobe von über 800 befragten Nürnbergern und eines differenzierten Materials über deren ästhetische Alltagspraxis und kulturelle Teilhabe (vergleichbar unserem Lebensstilansatz) eine empirische Typologie „kultureller Segmente" – man könnte auch sagen: Kulturstile oder Subkulturen – erarbeitet. Dabei erwiesen sich Lebensalter und formaler Bildungsgrad als die beiden trennschärfsten Klassifikationsbedingungen. So sind bei den unter 4Ojährigen die Segmente „Selbstverwirklichung" und „Unterhaltung" deutlich durch höhere bzw. untere Bildungsgrade getrennt, bei den über 4Ojahrigen die Segmente „Niveau" durch höhere, „Integration" durch mittlere und „Harmonie" durch untere Bildungsgrade.

Fassen wir zusammen, so stellen sich die kulturellen Ressourcen nach dem Gesamtbetrag ihrer Wirkungen als ein mäßig starker Bedingungskontext differentieller Verhaltensweisen der Freizeit und Lebensstile dar. Bezogen auf die Lebensstile als sehr komplexe Konstrukte von Verhaltensweisen gehören die kulturellen Ressourcen zu den in dieser Hinsicht dominierenden Bedingungen wie Alter, Haushaltsstruktur, Berufsstatus und öffentlichen Rollen, wobei die beiden letzteren teilweise selbst Ergebnisse der Verwertung kulturellen Kapitals sind. Bezogen auf diejenigen Freizeitaktivitäten und kulturellen Praktiken, die am ehesten mit Mustern wie allgemeine Kompetenz und Aktivität, kreatives Selbsttun und Leistungsorientierung, Interesse, Sachwissen sowie Beherrschung kultureller Symbole und ästhetischer Standards verbunden sind, stellen sie – teilweise „per definitionem" – den stärksten Bedingungskontext dar.

Abschließend sollen zusammenfassend noch dessen inhaltlich-theoretische Bedeutungen und danach einige praktische Konsequenzen diskutiert werden.

5. Zusammenfassung und Diskussion

Die vielen Einzelbefunde zu den handlungssteuernden Funktionen kultureller Ressourcen, die in dieser Studie vorgestellt wurden, lassen sich theoretisch am sinnvollsten zusammenfassen, wenn sie nach den Dimensionen des Grundmodells der Abbildung 2 geordnet werden. Darin hatte ich drei wichtige funktionale Voraussetzungen des Freizeitverhaltens und der Stilisierung des Lebens unterschieden, die aus den kulturellen Ressourcen eines Menschen abgeleitet werden können. Diese möchte ich nun um eine allgemeine Kompetenzfunktion erweitern, der Einsicht folgend, daß sich die meisten der nachweisbaren empirischen Zusammenhänge zwischen Bildung und Verhaltensmustern nicht eindeutig den drei speziellen Funktionsbereichen der kulturellen Ressourcen zuordnen lassen. Ich beginne daher mit dieser allgemeinen Funktion.

(1) Allgemeine Aneignungs-, Gestaltungs- und Handlungskompetenzen:

- Mit den kulturellen Ressourcen steigt die allgemeine Kompetenz und der Spielraum der Aneignung und Gestaltung von Freizeit und Lebensstil. Diese Tendenz schlägt sich vor allem nieder in der Stärke bzw. Entwicklung von Eigenschaften wie: allgemeines Aktivitäts- und Kommunikationspotential; Erwartungs- und Anspruchsniveau; Neugier, Interessenvielfalt, Akzeptanz von Gegensätzen, Flexibilität und Toleranz; Leistungsbereitschaft, Eigeninitiative, Kreativität, Selbstverwirklichung und persönliche Identität; Sachwissen und Alltagsroutine; Sensibilität und Offenheit der Fähigkeit zum Erleben und Genießen.

- Die Anwendung und Verwertung der verfügbaren kulturellen Ressourcen ist nicht unabhängig von ihrer Menge: das „inkorporierte Kulturkapital" ist selbst ein Mittel, eine Eigendynamik der kulturellen Ressourcen in Gang zu setzen. Je stärker und differenzierter die allgemeinen kognitiven und Handlungs-Kompetenzen eines Individuums sind, desto eher ist es in der Lage, die verschiedenen Teilbestände seiner kulturellen Ressourcen zu mobilisieren, zu verknüpfen sowie zur Verfolgung bestimmter Interessen und Ziele anzuwenden.

- Dieser Eigendynamik entspricht auch die Fähigkeit des „Lernens zu lernen": je höher diese allgemeinen Kompetenzen entwickelt sind, desto eher ist das Individuum in der Lage, Erfahrungen während der Anwendung kultureller Ressourcen als neue und erweiterte Kompetenzen zu verwerten und insofern eine Art „prozeßproduzierter Akkumulation von Kulturkapital" vorzunehmen.

- Diese Fähigkeit erstreckt sich in ihren Wirkungen auch auf andere Ressourcenarten: in einer Gesellschaft mit hoher Gratifikation der individuellen Leistung und des individuellen Erfolgs sind kulturelle Ressourcen die „konvertibelste" Kapitalart. Ihre Menge entscheidet am stärksten über den Grad der Mobilisierung der Wirkungsoptimierung, der Verflechtung und des Ausgleichs der unterschiedlichen Ressourcenarten im individuellen Lebensstil und Freizeitverhalten. Der entgegengesetzte Fall einer perfekten „Käuflichkeit" fehlenlenden kulturellen und sozialen Kapitals aufgrund der exponierten Ausstattung mit ökonomischen Ressourcen dürfte indes nur eine scheinbare, nicht hinreichend sanktionierte und „inkorporierbare", daher nicht auf Dauer angelegte Lösung sein.

- Mit steigenden kulturellen Ressourcen erhöht sich die Wahrscheinlichkeit von Transferleistungen des Individuums zwischen Arbeit und Freizeit, Öffentlichkeit und Privatheit, z.B. in folgenden Formen: Schaffung psycho-sozialen Ausgleichs; Integration und Übertragung situationsspezifischer Sozialisationserfahrungen; Fähigkeit zu souveräner und flexibler Zeitverwendung; Integration von „Arbeitsmustern" in die Freizeit und umgekehrt von „Freizeitmustern" in die Berufssphäre. Allerdings sind derartige Transfers abhängig von der jeweiligen Art der Arbeitsorganisation und der durch sie fixierten Polarität von Arbeit und Freizeit für die Betroffenen, wobei diese Bedingung wiederum weitgehend unabhängig von deren Qualifikation sein kann.

(2) Beherrschung der Kodes standes- oder gruppenspezifischen Verhaltens:

Die Spezifität der erworbenen, vor allem auf sozialen Verkehr bezogenen Kompetenzen entscheidet über Wahlverwandtschaften und ästhetische Teilstile, den Zugang zu „Szenen" oder allgemeiner: Subkulturen in Freizeit und Lebensstil. Insoweit als die Ausstattung mit kulturellen Ressourcen die Selektivität von Prozessen der Kontaktfindung, des Gesprächs, des Austauschs ästhetischer, alltagspraktischer, interessenspezifischer, modebezogener und anderer aktueller, aber „lebensstilstrategischer" Informationen steuert, fungieren diese Ressourcen als Allokation von Individuuen oder Haushalten einerseits und Subkulturen in einem sehr allgemeinen Sinn andererseits. Je höher die Ausstattung mit kulturellen Ressourcen insgesamt ist, desto geringer für das Individuum das Problem der Zugangsbarrieren und „Schwellenängste" und desto wahrscheinlicher sein Zugang zu unterschiedlichen kulturellen Territorien. Eine gegenläufige Tendenz in Richtung auf bewußte soziale Distinktion und Exklusivität kann jedoch zugleich über den Mechanismus des Sozialprestiges wirksam werden (vgl. weiter unten).

(3)Verfügung über Medien der Selbstdarstellung in der Symbolausstattung:

Von den kulturellen Ressourcen, insbesondere in der Form der Symbolausstattung in Sprache, Mimik und Gestik, Wohnungseinrichtung, Autobesitz, Kleidung, Mediennutzung, Hobbies, Ernährungsweise usw. hängen Vorrat und Charakteristik der Zeichen und Medien ab, mit denen das Individuum bzw. sein Haushalt sich unverwechselbar und zugleich in sozialer, d.h. mit anderen geteilter, Gestalt darstellt. Die Symbolstruktur des ganzen Lebensstils ist das Resultat dieser expressiven Funktion der kulturellen Ressourcen. Diese entscheiden damit über Art und Weise sowie den subjektiven Erfolg der Vermittlung von personaler und soziale Identität in der Lebenspraxis. Je größer und differenzierter die Ausstattung mit kulturellen Ressourcen ist, desto großer der expressive Spielraum des Individuums und desto zahlreicher seine Möglichkeiten zu „ästhetischem Aristokratismus" (Bourdieu) und zu bewußter Stilisierung des Lebens. Wahrscheinlich steigen Chancen und Spielarten der Individualisierung in der Zukunft stärker mit den kulturellen als mit den ökonomischen und sozialen Ressourcen des Einzelnen.

(4) **Sozialprestige aufgrund formaler Bildungstitel:**

Wo die Ausstattung mit kulturellen Ressourcen eindeutig den Anspruch eines Menschen auf soziale Wertschätzung als Angehöriger einer Berufsgruppe, eines „Berufsstandes", einer Bildungsschicht, einer Kategorie von Honoratioren, Gewählten, Amtsinhabern u.ä. entlang einer Wert- und Geltungshierarchie signalisiert und wo solche Signale im sozialen Verkehr von anderen „verstanden" und mehr oder minder auch akzeptiert werden, da ist mit ihnen die Allokation und Bestätigung von Sozialprestige verbunden. In einer im Ansatz (noch?) meritokratischen Leistungsgesellschaft leitet sich Sozialprestige, sofern man hier überhaupt analytisch trennen kann, eher von den kulturellen als von den ökonomischen und sozialen Ressourcen ab. Auf jeden Fall dürfte kulturkapitalspezifisch abgeleitetes Sozialprestige ein äußerst wirksamer Verstärker von Status, struktureller Macht und Einfluß aufgrund von Besitz und sozialen Beziehungen sein. Bourdieu hat diese sozial distinktive, Verkehrskreise, Beziehungsnetze und kulturelle Territorien monopolartig abschließende Funktion kultureller Ressourcen anschaulich analysiert, allerdings als Korrelat der allgemeinen ökonomischen Klassenverhältnisse überinterpretiert. Die Wirksamkeit dieser Funktion steigt mit der Menge kultureller Ressourcen; massive Distinktionrgegenüber anderen, besonders „nach unten", scheint dabei jedoch nur auf den höhere Rängen des Bildungs- und Sozialprestiges möglich zu sein. In diesem Sinne können kulturelle Ressourcen als eine Art sozialer Selbstfesselung fungieren: hohes, von Bildungstiteln abgeleitete Sozialprestige kann zu sozialer Distinktion und Exklusivität führen, diese die bestehende, ökonomisch naturwüchsige gesellschaftliche Ungleichheit verstärken; und auf diese Weise kann „institutionalisiertes Kulturkapital" Grenzen ziehen oder erhalten, durch die das in den entsprechenden Kompetenzen, d.h. dem „inkorporierten Kulturkapital" angelegte Flexibilitätspotential der Handelnden nicht zur vollen Anwendung gelangt.

An dieser Stelle der Prestigefunktion wird der teilweise ambivalente Charakter kultureller Ressourcen deutlich, wie er in den im Abschnitt 3.3 formulierten theoretischen Hypothesen bereits angelegt war. Diese haben sich in unserer Analyse offenbar recht gut bewährt, soweit dies angesichts der gegebenen Datenlage überhaupt möglich war.

Wie läßt sich nun abschließend die Entwicklung der kulturellen Ressourcen auf der Makroebene beurteilen?
Mit vorsichtigem Optimismus läßt sich behaupten, daß sich unsere Gesellschaft, wie allgemein auch die der meisten mittel- und westeuropäischen Länder, mindesten seit 2 Dekaden in einer noch fortwährenden Transformationsphase der Reproduktion kultureller Ressourcen befindet, für die sich folgende Markierungspunkte angeben lassen:

- Das **allgemeine Qualifikationsniveau** der Bevölkerung ist gestiegen, wofür zahlreiche Indikatoren stehen: Anstieg der Anteile der mittleren und höheren Schulabschlüsse, starker Anstieg der Zahl der Studenten und der Abschlüsse in Fachhochschul- und Hochschulstudiengängen, wachsende Nachfrage der Angebote der Volkshochschulbildung.

- Anstieg der Teilnahme an **Fort- und Weiterbildungsangeboten,** der Requalifizierung und Erweiterung der Qualifikationsanforderungen im Bereich zahlreicher Berufe für Facharbeiter, Techniker, Bürokräfte, Dienstleistungen im mittleren und gehobenen Ausbildungsniveau.

- Maximale Verbreitung von Hörfunk und Fernsehen; sehr hoher Produktionsstand und Verbreitungsgrad bei den Druckmedien, darunter Anstieg der Zahl und Auflagen von Zeitschriften für gehobene Bedarfe, spezielle fachliche Interessen, Verbraucheraufklärung und aufgeklärte Laienpraxis, Hobbies, Do-it-yourself, Reisen, Populärwissenschaft, der Sach-, Handbücher, Lexika u. dgl. — insgesamt ein Anstieg des **allgemeinen Informations-und Reflexionspotentials** für die breite Bevölkerung.

- Die steigende Technisierung, Elektronisierung, Symbolvielfalt, Handhabungskomplexität und Umweltsensibilität des Alltags verlangen vom einzelnen in Arbeit und Freizeit ständiges Lernen und Sichinformieren zur Entwicklung und Anpassung **sinnvoller und angemessener Handlungsroutinen.**

Es ist anzunehmen, daß dies den meisten Menschen auch gelingt und die damit verbundene Qualifizierung des alltäglichen Know-how nicht durch die Zunahme des Anteils „funktioneller Analphabeten" wieder aufgehoben wird.

- Die „Kommerzialisierung" des Zugangs zu kulturellen Produktionen und Symbolen, die früher kleineren bürgerlichen Minderheiten vorbehalten waren, die zunehmende Verwischung der Grenzen zwischen hoher („ernster") und populärer („unterhaltender") Kultur, das ausgeprägter werdende Nebeneinander von Subkulturen mit gleichberechtigten Geltungs- und Wertansprüchen, die noch steigende „Ästhetisierung des Alltags" in Mode, Industriedesign, Wohn- und Eßkultur, Architektur, Technik und Organisation

– all dies hat dazu geführt, daß mehr Menschen, zumindest potentiell, über ein **größeres und differenzierteres Repertoire der symbolischen Selbstdarstellung, der Geschmacksbildung und des ästhetischen Genusses** verfügen, der zugleich als Medium der Erhöhung ihrer (subjektiven) Lebensqualität dienen kann.

Mit anderen Worten: der Bestand an und die Fähigkeit zur Reproduktion vonr- kulturellen Ressourcen ist erheblich angestiegen, was einer allgemeinen Erhöhung der gesellschaftlichen Qualifikation und Kompetenzen in beruflicher, alltagspraktischer, technischer und ästhetischer Hinsicht mit generationenübergreifender Wirkung entspricht. Die Frage erhebt sich daher, ob dieser Prozeß mit einer allgemeinen und angebbaren Qualifizierung des Freizeitverhaltens und Konsums bzw. der Lebensstilroutinen korrespondiert und ob sich für diese ansatzweise objektive Maßstäbe angeben lassen. Wenn nämlich das Freizeitverhalten, ganz abgesehen einmal vom Arbeitsverhalten, auf das sich immer noch die meisten öffentlich veranstalteten Qualifizierungsangebote beziehen, in der in dieser Studie nachgewiesenen Weise von der Ausstattung mit kulturellen Ressourcen und ihrer Anwendung abhängig ist und wenn das gesamte Kulturkapital insgesamt gestiegen ist, dann liegt – zumal unter der gleichzeitigen Bedingung zunehmender arbeitsfreier Zeit und noch wachsenden, zumindest nicht schwindenden Wohlstands – eine allgemeine Qualifizierung der Freizeit- und Lebensstilgestaltung auf der Hand.

Leider fehlen zur genauen Prüfung dieser These systematisch erstellte Zeitreihen mit zuverlässigen Daten, so daß wir weitgehend auf indirekte Belege angewiesen sind. So lassen die Längsschnittergebnisse von Uttitz (1985, 1986), die repräsentativ für viele andere Daten stehen, die Schlußfolgerung zu, daß die allgemeine Bildungsexpansion einen breiteren Zugang zum Stil der kulturellen bzw. Bildungs-Freizeit eröffnet hat, zugleich aber die kulturellen Ressourcen das entscheidende Zugangsmittel geblieben sind.

Eine zusammenfassende Interpretation von aktuellen Trends, teilweise seit den 50er und 60er Jahren, auf der Basis von intuitiven Vergleichen verschiedener Umfragedaten hat Opaschowski (1983: 77 f.) vorgenommen. Danach lassen sich relativ eindeutig 5 langfristige allgemeine Veränderungen des Freizeitverhaltens der westdeutschen Bevölkerung konstatieren, hinsichtlich derer die Jugend eine gewisse Vorreiterrolle spielt, deren differentielle Verteilung über unterschiedliche Sozialkategorien (z.B. Bildungsgruppen) aber unbekannt bleibt:

- „**Selbermachen/Selbst-Aktiv-Sein/Aktivität** verwirklicht sich in Angeboten, Orten und Gelegenheiten, die aktives Verhalten in Eigeninitiative herausfordern und Anregungen zum Selbermachen, Mitmachen und Nachmachen geben... Das Prinzip 'learning by doing' entwickelt sich hier auf spielerische Weise (..) zu einer Form von Freizeitproduktivität. Selbst Handanlegen, sich handwerklich und praktisch betätigen, aktiv und initiativ werden wollen, sind Schlüsselmotive für das Selbermachen und die Aktivitätsorientierung. Damit verbunden ist auch eine größere Bereitschaft, sich freiwillig zu engagieren und Selbstverantwortung in sozialen und kulturellen Teilbereichen zu übernehmen.

- **Spontaneität/Kreativität/Selbstentfaltung** leitet sich ab von dem wachsenden Bedürfnis der Menschen, frei und spontan zu leben, d.h. spontan entscheiden und handeln zu können. In der persönlich freiverfügbaren Zeit möchte man für Ungeplantes, Neues, Überraschendes offen, also nicht festgelegt sein... Mit der Spontaneität des Freizeithandelns unmittelbar verbunden ist der notwendige Freiraum für Phantasie und Kreativität, für Einfühlung und Sensibilität. Damit wächst auch die motivationale Aufgeschlossenheit, sich Zeit für persönliche Interessen zu nehmen und gemeinsam mit anderen an der Lösung sozialer Probleme mitzuwirken...

- **Sozialkontakt/Zusammensein/Gemeinsamkeit** bindet das Freizeitverhalten in soziale Bezüge ein, ermöglicht Offenheit und verhindert Beliebigkeit, gewährt Sicherheit und vermeidet Freiheit um jeden Preis... Man möchte seine freie Zeit nicht mehr allein, sondern mit anderen gestalten und gemeinsam etwas tun. Die Gruppen- und Gemeinsamkeitserlebnisse vermitteln zugleich soziale Geborgenheit.

- **Sich Entspannen/Wohlfühlen/Wohlbefinden** sorgt für den notwendigen inneren Ausgleich, für das Freisein von Anforderung, Streß und Hektik, für das Ungestört-Unbeschwert- und Sorglossein-Können... Ruhe und Selbstbesinnung sind hierbei ebenso möglich wie gemeinsame Gespräche und Geborgenheit in der Gruppe. In dieser ungetrübt harmonischen Stimmung breitet sich Behaglichkeit aus: Man fühlt sich rundum wohl.

- **Spaß/Freude/Lebensgenuß** des neuen freizeitkulturellen Lebensstils weist auf den Wunsch nach mehr Vergnügen, Unterhaltung und Zerstreuung hin. Gesucht werden Anlässe für gute Laune und ausgelassene Stimmung, für Feiern und Feste, Spielen und Singen, für Lachen und Leben ohne Ärger und Angst. Die Unlust in Schule, Ausbildung oder Beruf findet im Genießen des Augenblicks und im Erleben von Spaß und Freude in der Freizeit ihr Gegengewicht, für das es sich zu arbeiten und zu leben lohnt."

Mir scheint diese Diagnose und zugleich Prognose einer gesamtgesellschaftlichen Qualifizierung des Freizeitverhaltens und der Lebensstilgestaltung, wie sie zumindest an den drei ersten Tendenzen abgelesen werden kann, weitgehend eine bedeutungsgleiche Weiterführung der von mir zuvor versuchten Interpretation der empirisch gesicherten modernen Funktionen kultureller Ressourcen auf der Mikro- und Mesoebene.

6. Ausblick

Meine abschließenden Bemerkungen sollen sich perspektivisch auf zwei Fragen beziehen:

a) Wie läßt sich der Erwerb kultureller Ressourcen für die Freizeit und in der Freizeit institutionell fördern und sich der Zusammenhang zwischen dem Erwerb und der Verwertung kultureller Ressourcen verengen?

b) Welche Desiderate künftiger Forschung sind besonders dringend?

Es liegt auf der Hand, daß die Ergebnisse dieser Studie befriedigende Antworten auf beide Fragen noch nicht zulassen. Daher müssen hier einige richtungweisende Vorschläge genügen.

Zu a) **Erwerb und Verwertung kultureller Ressourcen zur Freizeit- und Lebensstilgestaltung:**

Zunächst müssen hinsichtlich des Zusammenhangs zwischen dem Erwerb kultureller Ressourcen einerseits und der Freizeit andererseits verschiedene Aspekte unterschieden werden, wobei hauptsächlich die Kompetenzdimension dieser Ressourcen infragesteht (vgl. Lüdtke 1973: 280).

(1) Kulturelle Ressourcen werden in institutionellen, arbeitsähnlichen Prozessen organisierten Lernens für berufliche und allgemeine lebenspraktische Anwendungszwecke erworben und qualifizieren auch – eher in der Art von Nebenfolgen als auf direkt-intendierte Weise – in bestimmter Form das Freizeitverhalten des einzelnen. Man könnte dies als den **Freizeittransfer der Effekte von Schulbildung und Ausbildung** bezeichnen.

(2) Im Zusammenhang mit institutionalisierten Bildungsprozessen in Schule, Hochschule und Erwachsenenbildung werden bestimmte Qualifikationen für die Freizeit vermittelt: z.B. Techniken des Do-it-yourself, Kompetenzen für informiertes und kreatives Reisen, Fähigkeiten und Training für Sportarten, Kompetenzen für ästhetisch-kulturelle Praktiken, für Kunst und differenzierte Selbstdarstellung: **Qualifizierung des Freizeitverhaltens außerhalb der Freizeit.**

(3) Jugendliche und Erwachsene verwenden einen Teil ihrer freien Zeit für die Nutzung von Allgemein-, Fort- oder Weiterbildungsangeboten, dierprinzipiell genauso organisiert sind wie die Lern- und Unterrichtsprozesse im ersten und zweiten Fall, aber aufgrund des höheren Alters- und Entwicklungsstadiums der

Teilnehmer zusätzlich charakterisiert sind durch: Freiwilligkeit, spezielle Interessenorientierung nach Neigung, Flexibilität der Lernformen und -gruppen, (Halb-) Freizeitcharakter der Situationen: **Qualifizierung in der Freizeit für „das Leben".**

(4) Freizeitaktivitäten, die Kommunikation mit anderen dabei oder Freizeitsituationen als komplexe Behavior Settings enthalten häufig bewußt herbeigeführte Arrangements von Personen, Dingen und Prozessen, die, direkt-manifest oder indirekt-latent, auf Lern- und Trainingsvorgänge im Sinne einer **Qualifizierung in der Freizeit für die Freizeit und darüber hinaus** angelegt sind. Dabei geht es, prototypisch in der Form der Animation (Opaschowski 1981), um die Herstellung von Anreizen dafür, Freizeitaktivitäten sachverständiger, motivierter, kommunikativer, erfolgreicher etc. zu tun oder, generell wie in der offenen Jugendarbeit und in Jugendverbänden, um die Sicherung von Nebeneffekten oder expliziten Funktionen wie sozialer Integration, Prophylaxe, Bereicherung der individuellen Lebensqualität, Lebensberatung, Kompensation u. dgl., wobei verschiedene Transferleistungen denkbar sind. Zu solchen Effekten gehören auch Erfahrungen, Anregungen, Einstellungen und Motivationen, die durch das sachliche Arrangement, das „Environment" und ästhetische „Ambiente" der Situation affiziert werden.

Selbstverständlich wirken in konkreten Lernsituationen verschiedene Komponenten aller vier Aspekte meist zusammen; hier geht es jedoch um die Frage, in welcher Weise die jeweils implizierten Qualifikationsfunktionen gemäß der Logik der Situation gezielt gesteuert und gefördert werden können.

Der erste Aspekt kann dabei vernachlässigt werden, da er der allgemeinen Problematik der Verbesserung unseres gesamten Schul- und Ausbildungssystems zuzuordnen ist. Es ist natürlich ein Gemeinplatz, daß die Verhaltensweisen, Erlebnisqualitäten in Freizeit und Konsum und die daraus abgeleiteten subjektiven Lebensqualitäten vom allgemeinen Qualifikationsniveau abhängig sind. Wo jedoch – der zweite Aspekt – das Freizeitverhalten selbst expressis verbis zum Objekt von Qualifizierungsstrategien gemacht wird, da taucht die Frage auf, in welcher Weise in Schule und Unterricht solche Lernformen eingeführt und entwickelt werden können, die dem Gegenstand – eben Freizeit und Konsum – speziell angemessen sind. Was damit gemeint ist, dürfte klarer werden, wenn wir uns die wichtigsten Strukturunterschiede von Schul- und Freizeitsituationen anhand der folgenden Synopse von Dimensionen (Lüdtke 1978: 97) vor Augen halten:

Dimensionen	Schule (Arbeit)	Freizeit
Überwiegendes Erfahrungsfeld	kognitives Lernen	Lernen durch (aktives oder passives) Verhalten
Geforderte Rollen	Leistungsrollen	Spielrollen
Objektcharakter	spezifisch, stationär, obligatorisch	diffus, ambulant, fakultativ
Sanktionskriterien	Leistung, Disziplin	mehrdeutig, disponibel
Art der sozialen Kontrolle	Sanktionierung des individuellen Verhaltens bürokratische Kontrolle	Sanktionierung des Verhaltens von Gruppen (z.B. Familie, peer groups) emotionale, kommunkiative, kommerzielle multiple Kontrollen
Art der Verbindlichkeit der Verhaltenssteuerung	monopolistisch (durch Lehrer) gesteuerte Sozialisation als intentionale Erziehung	pluralistisch (durch Massenmedien, Märkte, Familie, Freunde etc.) gesteuerte mehrdeutige Sozialisation
Institutioneller Charakter der pädagogischen Agenten	staatliche Regelagentur	fakultativ-flankierende Agenten

Als allgemeine „Faustregel" wird man heute behaupten dürfen, daß die Vermittlung anwendungsfähiger Qualifikationen dieser Art in Schulsituationen umso eher gelingt, je mehr die Lernsituationen Elemente der „Freizeit" enthalten wie: Aktivität in Verbindung mit konkreten Gegenständen und Aufgaben, soziales Lernen, flexible Gruppen, intrinsische Motivation etc. Für die pädagogische, curriculare und organisatorische Umsetzung dieser Regel liegen seit langem zahlreiche Konzepte, konkrete Pläne und Erfahrungen vor (vgl. u.a. die Beiträge von Karst, Lüdtke, Opaschowski, Schmitz-Scherzer in: Hoyer & Kennedy 1978;

Opaschowski 1977, Nahrstedt & Sandmann 1982). Ihre Umsetzung in die praktische Schulreform ist indes noch weitgehend Programm geblieben, auch wenn sich inzwischen wohl in Ansätzen eine zunehmende Öffnung „verschulter" Unterrichtsformen in Richtung auf die Einbeziehung konkreter Handlungsfelder des Alltags und der Lebenswelt abzeichnet.

Unter dem dritten Aspekt der Qualifizierung in der Freizeit für „das Leben"rist bereits eine reale Eigendynamik in der Freizeitgesellschaft angesprochen, deren Steuerung sich auf die Differenzierung von Bildungsund Informationsangeboten öffentlicher, halböffentlicher und privat-kommerzieller Provenienz begrenzen kann, um nicht zu sagen: auf die Eigendynamik des Marktes und der Medien. Wenn nicht alles täuscht, steigt mit dem Zuwachs an freier Zeit – bei gleichbleibendem oder noch steigendem Wohlstandsniveau – die allgemeine Bereitschaft in der Bevölkerung zu freiwilligen Bildungsobligationen in der Freizeit, d.h. zu einer entsprechenden „Funktionalisierung" der Verwendung von Teilen disponibler Zeit, und sei es auch nur gemäß sehr speziellen Informations- und Bildungsinteressen, die nicht durch die auf dem Arbeitsmarkt lastenden Innovationszwänge diktiert sind. Man übertreibt wohl nicht mit der Behauptung, daß eine expandierende Freizeit und eine flexiblere Verteilung der Lebensarbeitszeit auch und wahrscheinlich mit wachsenden Anteilen mit einem gesellschaftlichen „Qualifikationsschub" verbunden ist, der sich aus zahllosen Einzelorientierungen an mehr oder minder speziellen Qualifikationsinteressen zusammensetzt.

Zu der behaupteten Eigendynamik der Bildung in der Freizeit gehört allerdings auch, daß die „Qualifizierung" von Lebensstilen infolge subjektiv erfolgreichen Einbaus solcher Aktivitäten der Halbfreizeit in die private Lebensorganisation als Belohnung erlebt werden kann, wenn sie mit einem Zuwachs an Sozialprestige verbunden ist. In diesem Zusammenhang dürften spezielle Zertifikate und Erfolgsnachweise sowie die, Kompetenz und Routine signalisierende, Demonstration von Gegenständen und Accessoires spezifischer Hobbies und Freizeitaktivitäten als Ausweise derartiger Qualifikationen und Expertenschaften prestigestiftend wirken, so lange sich ihre Inflation in Grenzen hält. Daher kommt der Definition und Vermittlung von transparenten Ausdruckszwecken derjenigen Zertifikate und Distinktionssymbole, die als solche Ausweise des Kompetenzerwerbs bzw. der Expertenschaft in Verbindung mit den Angeboten an speziellen lern-, informations-und trainingsintensiven Freizeitativitäten fungieren können, eine erhebliche Steuerungsfunktion für die Vermehrung institutionellen Kulturkapitals via Freizeit zu. Das scheinbare Paradox löst sich auf, wenn man das Motiv des modernen Freizeitbürgers ernst nimmt, daß sich Lern- und Übungsanstrengungen in der Freizeit neben ihren intrinsischen Effekten auch durch gesteigerte Möglichkeiten der Selbstdarstellung im sozialen Raum „auszahlen" dürfen. So konnte z.B. der hohe Gratifikationswert der Selbstbzw. Identitätsorientierung in Wechselwirkung mit der Entdeckungsorientierung bei Urlaubsreisen in der psychologischen Forschung empirisch nachgewiesen werden (Braun 1988).

Eine genauere Schätzung des gesamtgesellschaftlichen Wachstums an kulturellem Kapital aufgrund der Expansion bildungsbezogener Freizeit scheint indes ebenso unmöglich wie die direkte Beeinflussung individuellen oder gruppenspezifischen Freizeitverhaltens in Richtung auf die stärkere und bewußtere Verfolgung von Bildungszielen, denn auch hier „werden in zweifacher Hinsicht die Grenzen einer 'pädagogischen Inbesitznahme' der Freizeit deutlich. Zum einen scheinen einer Pädagogisierung der Freizeit insofern relativ enge Grenzen gesetzt, als die Entwicklungsdynamik dieses Sektors vorrangig technologisch-ökonomischen Ursachen folgte (weniger pädagogisch-intentionalen) und die Privatisierung von Verhaltensweisen über die Sozialisierung von Mitteln (freie Zeit) hierfür forderte. Zum anderen sind der Freizeitpädagogik insofern Grenzen gesetzt, als es ihr kaum möglich sein dürfte, strukturelle Differenzierungen zwischen Individuen und Gruppen durch Differenzierung von Verhaltensweisen zu nivellieren" (Lüdtke 1973: 291).

Damit sind wir bei den besonderen Schwierigkeiten unter dem vierten Aspekt angelangt, Qualifikationsprozesse in der Freizeit in Situationen, Aktivitäten oder Gruppen zu initiieren, die prinzipiell bildungsindifferentroder sogar bildungskonträr organisiert sind. Man wird sich hier schlicht auf sehr indirekte Weisen der Animation und Evokation von Lernprozessen beschränken müssen, wobei der Maßstab des Erfolgs die Erlebnisqualitäten der Situation und die Zufriedenheit der Teilnehmer sind, deren Steuerung nur über komplexe Relationen zwischen Persönlichkeitseigenschaften, Aktivitätsprogramm, Situationsvariablen, Einschätzungs- und Coping-Prozeß sowie schließlich verschiedenen Ergebnisdimensionen erfolgen kann (vgl. Winter 1988). Wegen der psychosozialen Diffusheit der Situation sind Qualifikationsprozesse in diesem Bereich relativ autonomen Freizeitverhaltens im Sinne einer dauerhaften Anreicherung von Kompetenzen als kulturellen Ressourcen grundsätzlich bei den Betroffenen nur dann zu erwarten, wenn die wiederholte Sicherung eines aktuellen Freizeiterlebens gelingt, das retrospektiv als positiv, belohnend bzw. expansiv in vier Dimensionen bewertet wurde: a) sinnliches Wohlbefinden, Genuß, Ästhetik; b) soziale Anerkennung/Ablehnung; c) Zufriedenheit/Unzufriedenheit, Glück/Unglück; d) Bindung/Teilhabe bzw. Einsamkeit und Verzweiflung (Winter 1986: 49 ff.). Es liegt, entgegen manchem pädagogischen Optimismus der 60er und 70er Jahre, auf der Hand, daß die Bedingungen für derartige Erfahrungen durch einfache, scheinbar technisch eindeutige Animationsstrategien oder Methoden, die am Modell des kognitiv-rezeptiven Lernens im organisierten Unterricht orientiert sind, nicht hergestellt werden können.

Zu b) **Desiderate der Forschung über die Bedeutung kultureller Ressourcen für die Freizeit- und Lebensgestaltung:**

Wie gezeigt wurde, wissen wir zwar eine ganze Menge über die differenzierende Wirkung kultureller Ressourcen, gemessen durch die formale Bildung. Gleichwohl wäre ihre relative Erklärungskraft noch genauer zu ermitteln, als dies im empirischen Teil dieser Studie geschehen ist, und zwar durch die Untersuchung der Möglichkeiten von Personen, sich aufgrund ihrer kulturellen Ressourcen im Lebensstil ein individuelles bzw. „wahlverwandtschaftsspezifisches" Muster der Lebensorganisation, der Identität, der Selbstbindung und Lebensqualität aufzubauen. Um hier den Einfluß der kulturellen Ressourcen näher analysieren zu können, wären nicht nur größere Stichproben sowie differenziertere Befragungs- und Beobachtungsdaten – damit eine weniger „unspezifische Auswahl von Meßinstrumenten" (Gluchowski 1988: 117) – erforderlich, sondern das Konstanthalten anderer wichtiger Kontextbedingungen: vor allem ökonomischer Ressourcen, von Alter, Geschlecht und Haushaltsstruktur, so daß die stilprägende Kraft der kulturellen Resourcen bzw., in umgekehrter Logik, der stilistische Gestaltungsspielraum der Haushalte unabhängig von den kulturellen Ressourcen stärker als bisher in der Analyse hervortreten kann. Der Verfasser verfolgt u.a. diese Fragestellung zur Zeit mit Unterstützung der DFG anhand der Analyse vorliegender und neuer größerer repräsentativerer Datensätze aus verschiedenen Jahren.

Wie schon angedeutet, wäre ein weiteres wichtiges Forschungsziel die Untersuchung der komplexen Bedingungen, unter denen befriedigendes und subjektiv erfolgreiches Freizeiterleben im obigen Sinn Auslöser für Lernprozesse sind, die zu einem bestimmten Kompetenzzuwachs führen. In diesem Zusammenhang wären insbesondere die Veränderungen von Persönlichkeitsdispositionen in Längsschnittstudien sowie die Transferleistungen der Individuen in bezug auf die Anwendung solcher neuer oder erweiterter Kompetenzen zu spezifizieren. Auf diese, methodisch wohl schwierige Weise könnte unser empirisches und theoretisches Wissen über die freizeitproduzierte alltägliche Anreicherung kultureller Ressourcen vermehrt werden, was vermutlich auch erhebliche praktische Konsequenzen für die Gestaltung künftiger Lernsituationen auch außerhalb der Freizeit hätte.

Sehr deutlich sind unsere theoretischen Lücken hinsichtlich derrverhaltenssteuernden Bedeutung der unterschiedlichen Komponenten kultureller Ressourcen. Steht der Indikator des formalen Bildungsabschlusses tatsächlich empirisch gültig auch für die bislang oft nur theoretisch verschiedenen Funktionen der kulturellen Ressourcen? Vor allem wäre die Bedeutung der Symbolausstattung der Person und ihres Haushalts in ihrer Verwendung als expressive Medien in verschiedenen Situationen genauer zu untersuchen. Dazu bedarf es einer Fülle von Beobachtungen durch Alltagsforschung (Lüdtke & Pawelka 1988), die sich auf die Entschlüsselung von Regeln, Prozessen der Entstehung, Effekten und orientierenden Funktionen von Sinn- und Geltungskontexten auf der sozialen Mikro- und Mesoebene konzentriert. Wie werden kulturelle Güter, Symbole und Routinen tatsächlich zu Ressourcen der Erweiterung und Sicherung der individuellen Lebensorganisation?

Ein genauerer Blick in die Erträge der Freizeitforschung zeigt immer noch, daß zahlreiche Lebensbereiche und relevante Handlungsdimensionen von Individuen hinsichtlich ihrer Prägung durch Bildung und Kulturkapital in Wahrheit recht unerschlossen sind. Überschreiten wir den Freizeitbereich im engeren Sinn und fragen wir nach der Sicherung von Zukunft und Lebensqualität im individuellen Verhalten, so schließt sich fast zwangsläufig die Forschungsfrage an, welche kulturellen Ressourcen vorausgesetzt werden müssen für z.B. umweltsensibles Alltagshandeln, mehr berufliche Flexibilitat, alternative Arbeit-Freizeitdispositionen, reflektiertere Energieverwendung, sanften Tourismus, innovative Ernährungsweisen, Initiativen privater Alterssicherung, Orientierung an traditionellen und neuen Interessengruppen und Bürgeraktivitäten. Diese Frage leitet über zu einem ganzen Forschungsprogramm über Möglichkeiten und Grenzen der Qualifizierung von Individuen und Gruppen als Voraussetzung gesellschaftlicher Innovation.

Ein wichtiges Merkmal gegenwärtigen sozialen Wandels ist zweifellos die Differenzierung der Gesamtkultur, ihrer Sektoren und Subkulturen einschließlich der damit einhergehenden Verwerfungen und Konflikte. Kulturelle Ressourcen müssen möglicherweise in Zukunft stärker nach verschiedenen Segmenten der Gesamtkultur differenziert und uminterpretiert werden, damit sie für Individuen und Gruppen eine handlungsrelevante Bedeutung behalten können. So wäre z.B zu untersuchen, wie Definition und Verwertungsmöglichkeiten von kulturellen Ressourcen in vier Segmenten beschaffen sind, wie sie Levasseur (1980) mit einiger Begründung unterschieden hat: **klerikale** Kultur: externe, autoritätsfixierte Beziehungen mit einer Partizipation aufgrund von Zustimmung, ordnungsorientiert; **professionelle** Kultur: externe, politisch beeinflußte Beziehungen mit instrumentenabhängiger Partizipation, veränderungsorientiert; **Massenkultur.** interne Beziehungen, die durch Kulturindustrien dominiert werden, Partizipation der Abhängigkeit, ordnungsorientiert; **volkstümliche** Kultur: interne Beziehungen mit klassenspezifischen und regionalen Konflikten, veränderungsorientiert.

Damit wäre schließlich auch die genauere Analyse der öffentlich-politischen und handlungsstrategischen Bedeutung kultureller Ressourcen für die Freizeit in verschiedenen Segmenten der Bevölkerung und entsprechenden Mentalitäten von besonderer Wichtigkeit. Wie verändern sich die Bildungsansprüche und die allgemeine Bewertung kultureller Ressourcen bezüglich Freizeit und Lebensstil in der Bevölkerung? Welche Kompetenzen, Bildungsmotivationen, symbolisch-ästhetische Ausstattungsniveaus und Alltagspraxen setzen Planer, Produzenten, Anbieter in den Freizeit- und Konsummärkten bei ihren Zielgruppen voraus? Auf welche Weise entwickelt sich sozusagen der öffentliche Dialog über die Bedeutung kultureller Ressourcen bei der Sicherung von Infrastruktur und Lebensqualität sowie der Steuerung von Märkten und institutionellen Angeboten? In Verfolgung dieser Fragen könnte auch deutlich werden, wie bestimmte, Exklusions-,rDistinktions- und Monopolisierungsmechanismen in der Allokation und Reproduktion kultureller Ressourcen sozialem Wandel unterliegt bzw. wie stabil die Bedeutung des Kulturkapitals im System sozialer Ungleichheit ist.

Letztenendes sind auch von Forschungsbeiträgen hierzu spezielle Antworten auf die wichtigste Frage nach der Selbststeuerungsfähigkeit der Person aufgrund ihrer kulturellen Ressourcen zu erwarten.

Anhang A: Verzeichnis der Tabellen und Abbildungen

Anhang B: Methodische Erläuterungen zur eigenen explorativen Lebensstilanalyse

Eine eigene Studie des Verfassers diente der ersten exemplarischen Umsetzung seines theoretischen Konzepts. Befragt wurden 1986 und 1987 98 Personen in mittleren Lebensjahren anhand eines standardisierten Fragebogens. Der Fragebogen gliedert sich in folgende thematische Bereiche: Alter, Familienstand, Haushaltsstruktur; Teilnahme am Berufssystem, Wohnsituation, sozioökonomischer Status und Berufssitus, soziale Herkunft; Wohnressourcen nach Räumen und Fläche; Ausstattungsgegenstände des Haushalts (auch für Freizeit und Hobby), Kraftfahrzeugbesitz; Nutzung der Wohnräume nach Aktivitäten; bevorzugte Eigenschaften der Wohnungseinrichtung; Zeitbudget an einem „normalen Werktag"; Freizeitaktivitäten nach Häufigkeiten, bezogen auf die letzten 14 Tage, den letzten Monat oder das letzte Jahr, ausgeübte Sportarten, Reiseverhalten, Hobbies; formale Mitgliedschaften, Zeitungen, Zeitschriften, Lese- und Hörpräferenzen, Teilnahme am Kulturbetrieb; Ernährungsgewohnheiten und -präferenzen; Kleidungspräferenzen, Körperpflege und Fitneß; Arbeitsteilung im Haushalt; Erziehungsziele, Arbeitsorientierung, wahrgenommener sozialer Rückhalt; wichtigste und unwichtigste Eigenschaften der Freunde und Bekannten; Status und Schulbildung der drei besten Freunde; Kriterien des eigenen Lebensstils; Merkmale des Wohnzimmers und des Eingangsbereiches, Siedlungstyp (beobachtet durch die Interviewer); „positive" und „negative" Ereignisse in der Retrospektive (letzte 10 Jahre), Vorstellung von einem alternativen Lebenslauf, Wünsche und Zukunftsperspektiven, geäußerte Lebenszufriedenheit in bezug auf private soziale Bezüge.

Die Stichprobe, die schon wegen der kleinen Fallzahl nicht als repräsentativ für die entsprechende westdeutsche Altersgruppe gelten kann, läßt sich als Mischung aus regionaler Zufallsauswahl und willkürlicher Auswahl kennzeichnen. Die Interviewer sollten möglichst viele zu Befragende zufallsmäßig aus dem örtlichen Telefonbuch auswählen (was für ca. die Hälfte zutrifft), es war ihnen aber auch freigestellt, ihnen bekannte Personen zu befragen. Sie versandten an die Anschriften der nach dem Zufall Ausgewählten Formbriefe des Instituts, in denen Erläuterungen gegeben, um Mitarbeit gebeten, Anonymität zugesichert und ein Anruf des Interviewers zwecks Verabredung eines Gesprächstermins angekündigt wurden. Von 100 Personen, die ein solches Anschreiben erhielten, kam schließlich mit etwa 26 ein Interview zustande.

Von den Befragten wohnten 64 im Raum Marburg-Biedenkopf, Ober- und Mittelhessen, 15 in norddeutschen Großstädten mit Vororten, 8 in Bonn, Siegen, Frankfurt oder Wiesbaden und 11 in anderen Klein- oder Mittelstädten der Bundesrepublik. Es dominieren klein- und mittelstädtische Umgebungen.

Tabelle 5:
Die Stichprobe nach Geschlecht und Altersgruppen (%)

Jahre	Frauen	Männer	insgesamt
25–30	10	8	18,4
31–40	16	16	32,7
41–50	16	8	24,5
51–60	12	7	19,4
61–72	1	4	5,1
M 41,7	56,1	43,9	100,0
Modus 34			N = 98

Wie diese Tabelle zeigt, sind die Frauen etwas überrepräsentiert. Die Altersverteilung entspricht, mit fast 60 % Befragten zwischen 30 und 50 Jahre, der Absicht, uns auf eine solche Lebensphase zu konzentrieren, in der eine relative Etablierung von Sozialstatus und Lebensroutine wahrscheinlich ist, andererseits aber auch typische Zäsuren und Disengagementerfahrungen des reifen Alters noch nicht vorherrschen, so daß am ehesten Lebensstile in ihrer vielleicht typischsten Form artikuliert werden können.

Tabelle 6:
Die Stichprobe nach Geschlecht und sozioökonomischem Status (%)

Status	Frauen	Männer	insgesamt
Gehobene u. höhere Angestellte u. Beamte, freie Berufe	11	17	27,7
Mittlere Angestellte u. Beamte, Selbständige mit 2-9 Mitarbeitern	7	6	13,8

Meister, Werkmeister, Selbständige (mit 1 Mitarbeiter), einfache Angestellte	21	12	33,O
Facharbeiter, Vorarbeiter, einfache Beamte	3	6	9,6
Un- und Angelernte	13	3	16,0
	55,3	44,7	100,0
			N=94

Diese Tabelle informiert über die Verteilung nach Geschlecht und sozioökonomischem Status, indiziert durch das Berufsprestige. Die Originaldaten beziehen sich auf eine auf 20 Stufen reduzierte Skala von 30 Berufsgruppen bei Berücksichtigung der Variablen Einkommen und Schulbildung (Handl, Mayer, Müller 1977: 248). Hiernach scheint die obere Statuskategorie überrepräsentiert.

Die Anwendung der Methode der Clusteranalyse als hier geeignetes klassifikatorisches Verfahren mit Einschluß zahlreicher stilbeschreibender Variablen ist am anschaulichsten, wenn die Anzahl der resultierenden Cluster und/oder die Fallzahlen je Cluster relativ niedrig sind. Nur dann nämlich sind die deskriptiven Clustergrenzen als Kriterien geringer interner Varianz (hoher Homogenität) und hoher Distanz zwischen den Clustern einigermaßen eindeutig. Bei einer Stichprobe von, sagen wir, 800 Befragten würden auf z.B. 20 Cluster im Durchschnitt je 40 Personen entfallen; und es wäre recht unwahrscheinlich, bei der zu erwartenden Heterogenität dieser 40 Merkmalsprofile zu einer eindeutigen und deskriptiv befriedigenden Lösung zu gelangen. Es sei denn, man würde die Zahl undrDimensionalität der lebensstilbeschreibenden Variablen radikal beschränken, wie z.B. bei Sobel (1981) geschehen. Eine solche Beschränkung schien mir aber theoretisch unangemessen.

Wenn Lebensstile sich anhand ihrer empirischen Indikatoren und mittels Clusterung grob gegeneinander abgrenzen lassen und wenn die interne Struktur eines Clusters eine hinreichend valide Rekonstruktion eines Lebensstils oder besser: Lebensstiltyps darstellt, dann hat die Veränderung der Stichprobenbasis grundsätzlich keinen Einfluß auf den deskriptiven Gehalt eines Clusters. Die Vergrößerung der Stichprobe würde vor allem eine Vergrößerung einzelner Cluster zur Folge haben, daneben aber auch eine größere interne Heterogenität der Fälle (siehe oben). Die Verbreiterung der Repräsentativität der Stichprobe würde durch das Auftreten neuer, anderer Cluster eine Erhöhung der Clusterzahl zur Folge haben, die ursprünglichen Cluster (bei geringerer Repräsentativität) aber inhaltlich kaum berühren. Ich nehme also mit der „verzerrten" Stichprobe in Kauf, daß mir eine unbekannte Anzahl anderer Lebensstile verborgen bleibt, was aber den theoretischen Wert der Analyse der in dieser Studie aufgefundenen Lebensstile nicht zwangsläufig und gravierend einschränken muß.

In der Clusteranalyse wurden die Distanzen bzw. Ähnlichkeiten zwischen den Befragten in bezug auf 31 Variablen mit standardisierten Meßwerten (Faktorwerten) verarbeitet, wobei 5 Performanzfelder ungefähr gleiche Gewichte haben. Gewählt wurde eine Lösung mit 12 Maximum-Likelihood-Clustern. Das Gesamtmodell erklärt einen Varianzanteil von 33,3 %, der nicht gerade dramatisch hoch scheint. Wie nicht anders zu erwarten war, sind die Cluster nur mit relativer Eindeutigkeit bzw. in bezug auf partielle Dimensionen voneinander abgegrenzt. Wir können sie als der Tendenz nach distinkte Lebensstilmuster begreifen. Bei der Beschreibung der Cluster habe ich auf die 91 Originalvariablen zurückgegriffen, die in den Faktorenanalysen verarbeitet wurden. Die symbolischen Hervorhebungen bestimmter Merkmale bei der Beschreibung der Lebensstile haben folgende Bedeutung: ++ bzw. -- (0,9 — 1,2 Standardabweichungen), +++ bzw. --- (1,3 und mehr Standardabweichungen). Extreme Abweichungen werden verbalisiert; 0,5 - 0,8 Standardabweichung nicht ausdrücklich erwähnt.

Literaturverzeichnis

Amaturo, E./ Costagliola, S./ Ragone, G.: Furnishing an Status Attributes. Environment and Behavior, 1987, 19, S. 228-249.

Bader, V.-M.: Verfügungsgewalt über direkte und indirekte Ressourcen. In: B. Giesen, H. Haferkamp (Hg.): Soziologie der sozialen Ungleichheit, Opladen 1987, S. 255-311.

Becker, G.S.: Human Capital, 2. Auflage, New York 1975.

Bernstein, B./ Brandis, W./ Henderson, D.: Soziale Schicht. Sprache und Kommunikation, Düsseldorf 1973.

Bourdieu, P.: Zur Soziologie der symbolischen Formen, Fankfurt a.M. 1974.

Bourdieu, P.: Ökonomisches Kapital, kulturelles Kapital, soziales Kapital. In: R. Kreckel (Hg.): Soziale Ungleichheiten. Sonderband 2 der Sozialen Welt, Göttingen 1983, S. 183-198.

Bourdieu, P.: Die feinen Unterschiede. 3. durchges. Auflage, Frankfurt a.M. 1984.

Braun, O. L.: Das Selbst macht Urlaub. In: J. Fromme, M. Stoffers (Hg.): Freizeit im Lebensverlauf. IF-KA, DGFF, Erkrath 1988, S. 101-110.

Duncan, O. D.: Die Pfadanayse: soziologische Beispiele. In: H. J. Hummell, R. Ziegler (Hg.): Korrelation und Kausalität, Bd. 2, Stuttgart 1976, S. 182-204.

Freizeit-Daten, Auswahl und Bearbeitung: H. W. Opaschowski, B.A.T. Freizeit-Forschungsinstitut und Deutsche Gesellschaft für Freizeit. Hamburg/Düsseldorf 1982.

Giegler, H.: Dimensionen und Determinanten der Freizeit. Opladen 1982.

Gluchowski, P.: Freizeit und Lebensstile. DGFF-Dokumente 2. Erkrath 1988.

Gordon, C./ Gaitz, C. M.: Leisure und Lives: Personal Expressivity across the Live Span. In: R. H. Binstock, E. Shanas (Hg.): Handbook of Aging and the Social Sciences. New York 1976, S. 310-341.

Handl, J./ Mayer, K. U./ Müller, W.: Klassenlagen und Sozialstruktur. Frankfurt a.M./ New York 1977.

Herz, T. A.: Klassen, Schichten, Mobilität. Stuttgart 1983.

Honneth, A.: Die zerrissene Welt der symbolischen Formen. Kölner Zeitschrift für Soziologie und Sozialpsychologie, 36, 1984, S. 147-164.

Hoyer, K./ Kennedy, M. (Hg.): Freizeit und Schule. Braunschweig 1978.

Krais, B.: Bildung als Kapital. In: R. Kreckel (Hg.): Soziale Ungleichheiten. Sonderband 2 der Sozialen Welt. Göttingen 1983, S. 199-220.

Lalive d'Epinay, C./ Bassand, M./ Christe, E./ Gros, D.: Produktion und Kulturkonsum: Die soziale Strukturierung der Freizeit. In: G. Hirschier, R. Levy, W. Obrecht (Hg.): Weltgesellschaft und Sozialstruktur. Festschrift zum 60. Geburtstag von Peter Heintz. Diessenhofen 1980, S. 505-532.

Levasseur, R.: Contributions à une sociologie de l'action culturelle.
Loisir & Soci Neidhardt, M. R. Lepsius, J. Weiss (Hg.): Kultur und Gesellschaft. Sonderheft 27 der Kölner Zeitschrift für Soziologie und Sozialpsychologie. Oplanden 1986, S. 162-190.

Müller, W.: Familie, Schule und Beruf. Opladen 1975.

Müller-Rolli, S.: Familie und Schule im historischen Prozeß der sozialen und kulturellen Reproduktion. In: E. Liebau, S. Müller-Rolli (Hg.): Lebensstile und Lernformen. Neue Sammlung, 25. 1985, S. 340-358.

Nahrstedt, W./ Sandmann, J.: Der Freizeitpädagoge. Opladen 1982.

Nauck, B.: Konkurrierende Freizeitdefinitionen und ihre Auswirkungen auf die Forschungspraxis der Freizeitsoziologie. Kölner Zeitschrift für Soziologie und Sozialpsychologie, 35, 1983, S. 274-303.

Nauck, B.: Familiäres Freizeitverhalten und soziale Ungleichheit. In:
H. Lüdtke, S. Agricola, U. V. Karst (Hg.): Mathoden der Freizeitforschung.
Opladen 1986, S. 189-227.

O'Connell, A. N.: Correlates of life-style: personality, role concept, attitudes, influences und choices. Human Relations, 33, 1980, S.
589-601.

Oevermann, U.: Sprache und soziale Herkunft. Frankfurt a.M. 1972.

Opaschowski, H. W.: Freizeitpädagogik in der Schule. Bad Heilbrunn 1977

Opaschowski, H. W. (Hg.): Methoden der Animation. Bad Heibrunn 1981.

Opaschowski, H. W.: Arbeit. Freizeit. Lebenssinn? Opladen 1983

Pappi, F. U.: Sozialstruktur und soziale Schichtung in einer Kleinstadt mit heterogener Bevölkerung. Kölner Zeitschrift für Soziologie und Sozialpsychologie, 25, 1973, S. 23-74.

Pappi, F. U./ Pappi, I.: Sozialer Status und Konsumstil. Kölner Zeitschaft für Soziologie und Sozialpsychologie, 30, 1978, S. 87-115.

Pfeffer, G.: Das fehlende Positive. In: E. Liebau, S. Müller-Rölli (Hg.): Lebensstil und Lernform. Neue Sammlung, Themenheft 3/85, 1985, S.
279-297.

Scheuch, E. K.: Soziologie der Freizeit. In: R. König (Hg.):
Freizeit-Konsum. Handbuch der empirischen Sozialforschung, 2. völlig neu bearb. Aufl., Bd. 11. Stuttgart 1977, S. 1-192.

Schilling, J.: Freizeitverhalten Jugendlicher. Weinheim/Basel 1977.
été, 3, No. 1, 1980, S. 113-132.

Lüdtke, H.: Jugendliche in organisierter Freizeit. Weinheim/Basel 1972.

Lüdtke, H.: Jugendarbeit als außerschulische Freizeiterziehung. In:
L. Böhnisch (Hg.): Jugendarbeit in der Diskussion. München 1973, S. 279305.

Lüdtke, H.: Freizeit in der Industriegesellschaft. 2. erw. Aufl.
Opladen 1975.

Lüdtke, H.: Probleme der Integration von schulinterner und schulexterner Freizeit der Schüler. In: Hoyer & Kennedy, 1978, S. 96-119.
Lüdtke, H. a. b.: Einführung. Und: Was ist Popmusik? In: H. Lüdtke, S. Agricola, U. V. Karst (Hg.): Methoden der Freizeitforschung. Oplanden 1986, S. 9-17 und 229-270.

Lüdtke, H.: Expressive Ungleichheit. Zur Soziologie der Lebenstile. Opladen 1988.

Lüdtke, H./ Neumann, P.: Skala zur Messung des Anregungspotentials der musikalischen Frühsozialisation (MuSo). In: ZUMA-Handbuch Sozialwissenschaftlicher Skalen, hg. v. Zentrum für Umfragen, Methoden und Anaysen u. Informationszentrum Sozialwissenschaften. Ergänzungslieferung 1987, Teil F 09, Mannheim/Bonn 1988, S. 1-8.

Lüdtke, H./ Pawelka, A.: Alltagsforschung. Stand, theoretischer Ansätze und Desiderata. Skript. Expertise im Auftrag der Universität Gesamthochschule Kassel. Marburg 1988.

Martin, H.-P./ Middeke, J.-J./ Romeiß-Stracke, F.: Freizeitverhalten.
Spiegel-Verlagsreihe Märkte im Wandel. Hamburg 1983.

Müller, H.-P., a: Klassen, Klassifikationen und Lebensstile.
Forschungsberichte der Universität der Bundeswehr, Fakultät für Pädagogik.
München 1986.

Müller, H.-P., b: Kultur, Geschmack und Distinktion. In: F.

Schmitz-Scherzer, R.: Soziologie der Freizeit.
Stuttgart/Berlin/Köln/Mainz 1974.

Schulze, G.: Alltagsästhetik und Lebenssituation. Skript: Beitrag zum Sonderband 6 der Sozialen Welt, Im Druck.

Sobel, M.E.: Life Style and Social Structure. New York et al. 1981.

Stadt Münster, Der Oberstadtdirektor der: Studie zur Situation der älteren Bürger in Münster. Münster 1980.

Tokarski, W.: Lebens- und Freizeitstile älterer Menschen. Unveröff.
Habilationsschrift. Kassel 1987.

Tokarski, W./ Schmitz-Scherzer, R.: Freizeit. Stuttgart 1985.

Uttitz, P.: Freizeitverhalten im Wandel. Erkrath 1985.

Uttitz, P.: Stile und Determination des Freizeitverhaltens in der Umfragenforschung über 30 Jahre. In: H. Lüdtke, S. Agricola, U. V. Karstr(Hg.): Methoden der Freizeitforschung. Opladen 1986.

Veblen, T. B.: Theorie der feinen Leute. Köln 1957.

Vester, H.-G.: Transformation von Sinn. Z. f. Soziologie, 15, 1986, S. 95-106.

Waller, E. M./ Pohler-Funke, M. (Bearb. u. Hg.): Soziologie der Freizeit. Heidelberg.

Winter, G.: Traditionen, Sackgassen, und neue Möglichkeiten der Freizeitforschung. In: H. Lüdtke, S. Agricola, U. V. Karst (Hg.): Methoden der Freizeitforschung. Oplanden 1986, S. 27-56.

Winter, G.: Regulation von Streßzuständen beim Reisen. In: J. Fromme, M. Stoffers (Hg.): Freizeit im Lebensverlauf. IFKA/DGFF, Bielefeld/Erkrath 1988, S. 249-270.

Wippler, R.: Freizeitverhalten: ein multivariater Ansatz. In: R.
Schmitz-Scherzer (Hg.): Freizeit: eine problemorientierte Textsammlung.
Frankfurt a.M. 1973, S. 90-107.

Wippler, r.: Kulturelle Ressourcen, gesellschaftlicher Erfolg und Lebensqualität. In: B. Giesen, H.

Haferkamp (Hg.): Soziologie der gesellschaftlichen Ungleichheit. Opladen 1987, S. 221-254.

Der Autor

Hartmut Lüdtke, Dr. phil., geb. 1938; Professor für Empirische Soziologie an der Philipps-Universität Marburg. Veröffentlichungen zu den Forschungsbereichen Bildung und Schule, Freizeit und Sport, Wohnverhalten, Lebensstile, Musikrezeption, Jugend und Generationen, Beobachtungsmethoden; zuletzt: Mitherausgeber von: Methoden der Freizeitforschung, Opladen 1986; Bauformeffekte auf das Wohnverhalten, in: Stadtgestaltung-Forschung, Trierer Geographische Studien, Trier 1986; Fiktion und Realität des Wertwandels; Veränderte Lebensläufe und -stile als Hintergrund für neue Methoden und Ansätze der Freizeitforschung; beide in: J. Fromme/M. Stoffers (Hg.), Freizeit im Lebensverlauf, Bielefeld/Erkrath 1988; Expressive Ungleichheit. Zur Soziologie der Lebensstile, Opladen 1988; Beobachtung, in: Soziolinguistik, 2. Halbband, Berlin 1988.